Susanne Jaspers ✵ Georges Hausemer

Donostia San Sebastián

DIE GLÜCKLICHSTE STADT DER WELT

CAPYBARA BOOKS

Dieses Buch erscheint mit freundlicher Unterstützung
des Nationalen Kulturfonds Luxemburg.

Die englische Ausgabe ist 2016 unter dem Titel „Donostia/San Sebastián.
The World's Happiest City“ erschienen.

ISBN 978-99959-43-02-8
3. Auflage 2019

Texte, Fotos und Redaktion: Susanne Jaspers und Georges Hausemer
Vignetten: Georges Hausemer
Bildnachweise am Ende des Buches
Layout, Cover und Gestaltung: Magdalena Sander | www.buerosander.de
Druck: CPI books, Leck, Germany

www.capybarabooks.com

INHALT

„Ich glaube, es gibt Städte, in die man immer zurückkehrt, wie es andere gibt, in denen alles endet, und San Sebastián gehört zu den ersteren …"

ANTONIO MUÑOZ MOLINA, 1987

Wieso ist die Stadt nach einem knackigen Kerl benannt?

ONGI ETORRI DONOSTIARA
WILLKOMMEN IN SAN SEBASTIÁN

Ursprünglich hieß die Gegend Izurum. Dann, im frühen 11. Jahrhundert, tauchte in Zusammenhang mit der Beschreibung eines ortsansässigen Klosters erstmals der Name San Sebastián auf.

Warum der vom armen Fischerdorf zur bedeutenden Hafenstadt aufgestiegene Ort ausgerechnet nach diesem Heiligen benannt ist, hat mit seiner Lage zu tun. Seit jeher schmiegt er sich formvollendet an die Muschelbucht vor der Haustür der Einwohner, denen das Meer jahrhundertelang Arbeit und Brot bescherte. Da lag es förmlich auf der Hand, als Namensgeber jenen Heiligen auszuwählen, dem eine ganz besondere Beziehung zum Meer, zu Häfen, Molen und Quais, zu Fischern, Kapitänen und Matrosen nachgesagt wird. Als Patron der Seefahrer wird der heilige Sebastian bis heute weltweit verehrt.

Eigentlich war Sebastian, Mitte des 3. Jahrhunderts n. Chr. in Rom geboren, von Beruf Soldat. Nachdem er sich öffentlich zum Christentum bekannt hatte, verurteilte Kaiser Diokletian ihn zum Tode und ließ ihn von Bogenschützen erschießen. Daher die Pfeile. Doch Sebastian überlebte und wurde von einer frommen Witwe gesundgepflegt. Erneut bekannte sich der Genesene zu seinem christlichen Glauben, woraufhin der Herrscher befahl, ihn mit Keulen zu erschlagen und seinen Leichnam in die römische Kloake zu werfen.

Bereits im 7. Jahrhundert ging der anmutige, meist nur spärlich bekleidet dargestellte Heilige als Märtyrer in die Religionsgeschichte ein. Zu Zeiten der Renaissance entwickelte er sich zudem zu einem Prototyp männlicher Schönheit, einem ästhetischen Vorbild, einer echten Stilikone. Fortan galt der menschliche Leib den Gläubigen nicht mehr als Gefängnis des Geistes, sondern als Spiegel der Seele. Körperkult *avant la lettre*?

Jedenfalls scheint der attraktive Jüngling am Golf von Vizcaya mächtig Eindruck hinterlassen zu haben. Voller Stolz – und bestärkt durch die Ansichten der meisten Besucher – behaupten die Bewohner von San Sebastián/Donostia, nicht nur den hübschesten Schutzpatron zu verehren, sondern auch in einer der schönsten Städte der Welt zu leben. Ein Attribut, das sich auf ihre Gemütsverfassung auszuwirken scheint. Denn regelmäßig verkünden Untersuchungen, nach wissenschaftlichen Kriterien betrachtet würden genau hier die glücklichsten Menschen des gesamten Planeten leben. Ein Verdikt, das die selbstbewussten Basken mit Understatement und zugleich tiefsitzender Genugtuung zur Kenntnis nehmen.

Übrigens geht auch Donostia, die baskische Bezeichnung für die Stadt, auf den heiligen Sebastian zurück, obwohl das nicht auf den ersten Blick ersichtlich ist. *Done*, vom lateinischen *dominus* (Herr) abgeleitet, wird im Baskischen den Heiligennamen vorangestellt, wie im Spanischen *San*. So konnte sich Done Sebastian mit der Zeit über Donebastia zum heute gebräuchlichen Donostia entwickeln.

Nun aber höchste Zeit, sich unter die *donostiarras* zu mischen. So bezeichnen die Einheimischen sich selbst. Und irgendwann vielleicht auch jene gar nicht so seltenen Gäste, die von dieser Stadt und ihren Menschen derart angetan sind, dass sie, wie Antonio Muñoz Molina in seinem Roman *Der Winter in Lissabon* schreibt, immer wiederkommen. Oder eines Tages beschließen, für immer zu bleiben.

Susanne Jaspers / Georges Hausemer

Von Pfeilen durchbohrt: Hoch über dem Eingangsportal der Basilika Santa María wacht der heilige Sebastian über seine Stadt

Schamhafte Meeresplanscher: Neben der Caseta Real *wurden auch weniger königliche Strandhäuschen in der* Belle Époque *ganz nah ans Wasser befördert*

Als Ochsen die Königin ins Meer zogen

Badevergnügen, Glücksspiel *und jede Menge* ***Prominenz:*** *Schon im 19. Jahrhundert setzte San Sebastiáns gesellschaftlicher und kultureller Aufschwung ein, der bis heute anhält.*

Es begann mit ein paar Pusteln. Im Jahr 1845 verordneten die Ärzte der von Lippenbläschen geplagten spanischen Königin Isabel II Meerbäder, um ihr Leiden zu kurieren. Dass die Wahl der Regentin ausgerechnet auf San Sebastián fiel, lag wohl vor allem an der Nähe zum französischen Biarritz, wo ein Großteil des europäischen Adels, mit dem die Monarchin regen Austausch pflegte, die Sommer verbrachte. Welch ein Glück, dass Isabel auch während des Kuraufenthalts nicht auf ihren Freundes- und Bekanntenkreis verzichten wollte. Denn der königliche Gast, sein gesamter Hofstaat und zahlreiche Vertreter der besseren Gesellschaft, die im Schlepptau der Herrscherin anreisten, dürften den Stadtvätern eine folgenschwere Entscheidungsfindung erleichtert haben.

Just zu jener Zeit wurde nämlich heftig darüber debattiert, ob man im Hinblick auf die wirtschaftliche Zukunft San Sebastiáns lieber auf den seit den 1830er Jahren prosperierenden Badetourismus setzen oder den Concha-Strand eher in einen riesigen Industriehafen umbauen sollte. Der Aufschwung des Fremdenverkehrs, den die prominente Besucherin ausgelöst hatte, ließ die Verantwortlichen schließlich auf die touristische Anziehungskraft des Atlantiks vertrauen. So retteten die royalen Herpesbläschen den muschelförmigen Stadtstrand, der heute als einer der schönsten der Welt gilt.

Umkleidekabinen zwecks Vermeidung von Unruhe und Unordnung während des Badevergnügens

Freilich hatte der Aufenthalt am Meer, wie er der Regentin Mitte des 19. Jahrhunderts empfohlen worden war, nur sehr wenig mit heutigem Strandrummel zu tun. Dem Wasser setzte man sich damals nur in nahezu vollständiger Bekleidung aus. Verstohlene, gar unverhohlene Blicke auf das badende andere Geschlecht waren verpönt bis unmöglich, wie eine Anordnung aus dem Jahr 1829 „zur Vermeidung jener Unordnung, die sich während des Badens beobachten lässt", belegt. Ihr zufolge war den Herren vormittags eine ganz bestimmte Stelle zum Baden zugewiesen, den Damen eine andere. Nachmittags dann durften die Herren sich auch an dem Strandabschnitt ins kühle Nass begeben, der vormittags den Damen vorbehalten war. Letztere hatten nach der Siesta das Nachsehen, wie in besagtem Dokument nachzulesen ist: „Se prohibe absolutamente a las mujeres el bañarse por las tardes" – Nachmittags ist den Frauen das Baden strengstens verboten.

Isabel II musste auf solche Vorschriften natürlich keine Rücksicht nehmen, geschweige denn sich gemeinsam mit dem Volk in den Wellen tummeln. Eigens für die kurende Kö-

Auch mit tierischer Hilfe gelangten die züchtigen Sommerfrischler ans Ziel

nigin hatten die Herren im donostiarrischen Rathaus die *Caseta Real*, eine elegante Umkleidekabine auf Schienen, bauen lassen, die von einem Balkon umgeben war, auf dem Markisen Schatten spendeten. Dieses recht sperrige Badehäuschen wurde bei Bedarf von einem Ochsengespann quer über den Strand in die Brandung gezogen. Ende des 19. Jahrhunderts, als spätere Monarchen zu Strandbädern anreisten, ersetzte man die königstreuen Rindviecher durch einen dampfbetriebenen Motor, bis die *Caseta Real* 1911 ganz abgeschafft und eine steinerne Umkleidekabine errichtet wurde – die übrigens heute noch neben dem Heilbad La Perla thront.

„Klein Paris“ mit Strandzugang

Für all die blaublütigen Besucher wurde Donostia mit den Jahren allmählich zu klein. Bereits 1863 hatten die Regierenden beschlossen, die kriegerische Vergangenheit ein für alle Mal hinter sich zu lassen – von den nächsten Carlistenkriegen wenige Jahre später war zu diesem Zeitpunkt selbstverständlich noch nichts zu ahnen.

Royale Spuren im Sand: Königin Victoria Eugenia und Entourage, 1923

So begann man mit dem Abriss der alten Wehrmauern. Nun konnte die Stadt sich endlich ausdehnen und wachsen. Mit der Konzeption ihrer Erweiterung wurden die Architekten José Goicoa Barkaiztegi und Ramón Cortázar beauftragt, wobei letzterer das neue Viertel nach dem Vorbild des französischen Neoklassizismus plante. 1913, genau

Plaza de Bilbao: Von dem heutigen Springbrunnen ist um die Jahrhundertwende noch nichts zu sehen – und auch nichts zu hören

100 Jahre nach dem verheerenden Brand von 1813, war die Umsetzung des nach seinem Schöpfer benannten Cortázar-Plans, mit der man Mitte des 19. Jahrhunderts begonnen hatte, abgeschlossen. Entstanden war ein neuer Stadtteil, der schnell den Beinamen *Área Romántica* erhielt. Wer heute durch das nahezu vollständig erhaltene Belle Époque-Viertel flaniert, das weitgehend mit dem aktuellen Stadtteil Centro identisch ist, versteht, warum ihm neben dem Attribut „romantisch" auch noch der Titel „Klein Paris" verliehen wurde. Der großzügige Boulevard, die Plaza del Buen Pastor mit der gleichnamigen Kathedrale, die Plaza de Bilbao, die Plaza de Gipuzkoa, der Paseo de Francia, das mondäne Hotel María Cristina aus dem Jahr 1912 (das übrigens nach Entwürfen des französischen Architekten Charles Mewès entstand, der ebenfalls für die Ritz-Hotels in Paris, London und Madrid verantwortlich zeichnete) sowie das benachbarte Teatro Victoria Eugenia sind exemplarische Beispiele für die Architektur dieses außergewöhnlich homogenen und eleganten Quartiers.

Trotz aller Schönheit herrschte ein bisschen Langeweile im Paradies

Die neuerlichen Carlistenkriege in den 1870er Jahren bereiteten dem Aufschwung einen kurzen Dämpfer und dem bis dahin fröhlichen Kurtreiben eine zeitweilige Zwangspause. Doch gegen Ende des 19. Jahrhunderts erlebte San Sebastián eine erneute Blüte, die wiederum einer Monarchin zu verdanken war. Nach dem Tod ihres

Zugeknöpft und gut behütet: Playa de la Concha 1916, als Erholung am Strand noch kein freizügiges Vergnügen war

Gatten, des spanischen Königs Alfonso XII, wählte die aus Österreich stammende Monarchin María Cristina die baskische Metropole 1887 zu ihrer offiziellen Sommerresidenz. Die Concha wurde unter dem Titel *Playa Real* in den Rang eines königlichen Strandes erhoben. 1893 übersiedelte die Regentin vom Palacio de Aiete in den im englischen Cottage-Stil errichteten Palacio Miramar oberhalb des Pico del Loro, der auch heute noch die natürliche Grenze zwischen den beiden Stränden Concha und Ondarreta bildet. Von nun an und bis 1928 verbrachte die Königswitwe jeden Sommer in Donostia. Mit dem Resultat, dass ihre Präsenz der Stadt europaweite Werbung bescherte und einmal mehr scharenweise finanzkräftige Gäste anreisten.

Diese frühen Touristen standen allerdings vor einem nicht unerheblichen Problem: Bei aller Schönheit San Sebastiáns – und vom Badevergnügen einmal abgesehen – war es dort recht langweilig. Neben der Natur hatte man den Sommerfrischlern zum Zeitvertreib nur ein einziges Freizeitzentrum auf der Plaza de la Constitución zu bieten, das über einen Lesesaal mit nationaler und internationaler Presse, einen Billardtisch und ein Café verfügte. Eine ebenfalls auf der „Consti" angesiedelte Vereinigung organisierte mit einer gewissen Regelmäßigkeit Konzerte. Das war ganz und gar nicht ausreichend, um den anspruchsvollen europäischen Hoch- und Geldadel zu amüsieren. Nicht zufällig hatte sich der spanische Journalist und Schriftsteller Ramón de Navarrete bereits 1848 darüber beklagt, dass „das Angebot an Vergnügungen alles andere als üppig ist und die Tage in Eintönigkeit verlaufen, ohne andere Unterhaltung als Strandbäder, Besuche bei Freunden und Ausflüge aufs Land".

Wie gut, dass die damaligen Gesetze ein auch in anderen mondänen Kurorten beliebtes Freizeitvergnügen erlaubten: das Glücksspiel. Allerdings mussten die Anhänger dieses Zeitvertreibs sich noch bis zum 1. Juli 1887 gedulden, ehe am Rand der Concha-Bucht und in Anwesenheit von Königin María Cristina höchstpersönlich das Gran Casino eröffnet wurde. Jener Prachtbau, der heute das Rathaus beherbergt und als eines der schönsten Gebäude Spaniens gilt.

Die Betreiber des seinerzeit weltberühmten Casinos kümmerten sich beileibe nicht nur an den Roulette-Tischen um die Unterhaltung der Gäste. Sie unterstützten auch zahlreiche andere Aktivitäten, die zahlungskräftiges Publikum in die Stadt locken sollten. Es wurden Tennis- und Golfclubs gegründet und Springturniere veranstaltet; es gab erste Freilichtausstellungen, zahllose Bälle, Konzerte und Feuerwerke; eine Pferderennbahn und sogar eine Autorennstrecke wurden gebaut. Einen Teil der im Spielsalon getätigten Einnahmen führte man karitativen Zwecken zu, während weiteres Geld in die Verschönerung der Stadt investiert wurde, etwa in die Uferpromenaden Paseo de la Concha und Paseo Nuevo.

Zeitvertreib anno dazumal: bei Pferde- und Autorennen

An den Spieltischen, wo sich offenbar auch das Schicksal der berühmten Spionin Mata Hari entschied

Wird das Jahr 1914 mit dem Ausbruch des Ersten Weltkriegs gemeinhin als Ende der Belle Époque bezeichnet, so erlebte die „schöne Epoche“ in San Sebastián ab da erst ihren wahren Höhepunkt. Aufgrund der Neutralität Spaniens strömte der europäische Adel auf der Flucht vor dem Krieg massenhaft in die Stadt und ließ sie innerhalb kürzester Zeit zur kosmopolitischsten Metropole auf dem Kontinent avancieren. Doch nicht nur Blaublütige fanden sich an der Concha ein. Auch Politiker sowie namhafte Größen aus Kunst und Kultur bevölkerten während

Baskische Pracht: Das 1887 eröffnete Gran Casino, heute städtisches Rathaus, gilt als eines der spektakulärsten Gebäude ganz Spaniens

der Kriegsjahre die Casinos. Maurice Ravel zog es ebenso an die Roulette-Tische wie Leo Trotzki. Der Überlieferung nach soll es etlichen Herren immer dann besonders schwer gefallen sein, sich auf die eigensinnige Elfenbeinkugel zu konzentrieren, wenn ein gewisser weiblicher Dauergast anwesend war. Die legendäre Spionin Mata Hari widmete sich in San Sebastián nämlich nicht nur dem Glücksspiel, sondern war auch beruflich aktiv. Angeblich soll sie ausgerechnet hier jenen Auftrag erhalten haben, der sie vor einem französischen Erschießungskommando enden ließ.

Mit der Machtübernahme durch General Primo de Rivera war das Treiben in den Spielbanken vorbei. 1924 ließ der Diktator das Glücksspiel verbieten – was die *donostiarras* ihm bis heute übel nehmen. Ihren Ruf als „Brighton, Dieppe oder Biarritz Spaniens", wie ein zeitgenössischer Autor das vornehme Seebad an der Atlantikküste einst beschrieb, büßte die Perle an der Concha-Bucht damit zwar ein. Dies war jedoch keineswegs mit einem touristischen Abschwung verbunden. Schließlich begann allmählich auch das normale Bürgertum, die Vorzüge der Sommerfrische und die Lust auf Badeferien zu entdecken.

Und so sind San Sebastiáns Strände heute kein bisschen weniger beliebt und belebt als Mitte des 19. und Anfang des 20. Jahrhunderts. Nur auf Ochsen, die auf dem Weg in die Wellen behilflich sind, wird mittlerweile verzichtet.

Starrummel bereits im Jahr 1907: die königlich Umkleidekabine auf ihrem Weg zum Atlantik

IDEALE STADT

„Wenn man die Stadt zum ersten Mal betritt, überrascht ihre Korrektheit, ihre Gleichmäßigkeit, Gepflegtheit und Schönheit. Von der Lage her erinnert sie an Genf; sie verfügt, in höherem Maße, über die Kultur der besten französischen Städte und über die Lebensfreude der andalusischen. Auf den ersten Blick lässt sich feststellen, dass es eine Stadt der Erholung ist, die ausdrücklich mit der Zielsetzung erbaut wurde, dass die Leute sich amüsieren, in einer großen Herberge für ausländische Besucher. Sie erinnert an Nizza, Monaco oder Monte Carlo und besteht fast ausschließlich aus ansehnlichen Gast- und Privathäusern, die während der Saison vermietet werden … In ungefähr 20 Jahren, also seit die Festungsmauern abgerissen wurden, hat sich das Wunder dieser improvisierten Stadt vollzogen, die so schön ist wie eine ideale Stadt."

BENITO PÉREZ GALDÓS, 1884

Stil und Charme
der ***Belle Époque***
sind bis heute
erhalten.

GENUSS IN HANDLICHEN PORTIONEN

Pintxos *sind die* **tapas** *des Baskenlandes, und San Sebastián ist das Eldorado der Miniaturküche, die höchsten kulinarischen Ansprüchen genügt.*

Was im übrigen Spanien *tapa* heißt, nennt sich im Baskenland *pintxo*. Gemeint sind jene schmackhaften Häppchen, die zu einem *zurrito* (kleines Bier) oder einem Glas *txakolí* (spritziger baskischer Weißwein) genossen werden und die hungrige Zeit zwischen den Hauptmahlzeiten verkürzen sollen. Doch Achtung! Die gesamtspanischen *tapas*, oft bloß eine Scheibe Wurst, Schinken, ein paar Oliven, ein Stückchen Käse oder ein paar Nüsse, dürfen auf keinen Fall mit den komplexen Kreationen aus Nordostspanien verwechselt werden. Dafür sind die baskischen *pintxos* (spanisch: *pinchos*) viel zu raffiniert ausgeheckt, mit erheblichem Aufwand zubereitet und durchaus geeignet, auch höheren kulinarischen Erwartungen zu genügen.

Um den Ursprung des Brauchs, zum Getränk auch gleich einen Happen feste Nahrung zu sich zu nehmen, ranken sich, wie bei so vielen Bräuchen und Traditionen, unzählige Legenden und Anekdoten. Keine einzige davon ist indes tatsächlich belegt. Stattdessen hört sich eine verwegener und abstruser an als die andere. Etwa jene aus dem 13. Jahrhundert, die von König Alfonso X, dem Weisen, und dessen Leibarzt erzählt. Aus gesundheitlichen Gründen riet der Doktor dem Regenten, seine Mahlzeiten immer nur in kleinen Portionen zu sich zu nehmen, was der König prompt auch seinen Untertanen empfahl. Eine andere Geschichte handelt von den berühmt-berüchtigten *Reyes Católicos*, den Katholischen Königen, die im 15. Jahrhundert angeordnet haben sollen, in den Tavernen ganz Spaniens Alkohol nur in Begleitung von *tapas* auszuschenken, um der Trunkenheit des Volkes vorzubeugen. Wieder andere Quellen berichten von einfachen Bauern, die gezwungen waren, sich während der körperlich anstrengenden Feldarbeit zwischen Frühstück und Mittagessen ein paar zusätzliche Kalorien zuzuführen. Schließlich wird auch gerne auf einen andalusischen Kellner verwiesen, der einst auf ein Bierglas einen Deckel, eine *tapa*, gelegt haben soll und auf diesem als Lockmittel ein Häppchen platzierte. Oder tat er das bloß, um Fliegen, Staub und anderes Unerwünschte aus dem Getränk fernzuhalten?

ABGEDECKT ODER AUFGESPIESST? HAUPTSACHE KÖSTLICH!

Wie auch immer, zumindest erklärt diese Legende die Herkunft des Namens. *Tapa* stammt nämlich vom spanischen Verb *tapar* ab: bedecken. Der baskische *pintxo* hingegen ist nach dem Holzstäbchen benannt, auf das die kleinen Delikatessen ursprünglich gespießt wurden. Zahnstocher sind zwar noch heute im Einsatz, so wie auch nach wie vor die schlichteren Klassiker der *pintxo*-Kultur angeboten werden: Serrano-Schinken, Chorizo-Wurst oder Manchego-Käse auf einer Weißbrotscheibe, gegrillte oder in Essig eingelegte Paprika, Garnelen, frittierte Tintenfischringe, ein spitz zulaufendes Stück *tortilla de patatas*. Wobei, nur nebenbei bemerkt, das traditionelle Kartoffelomelett, auch *tortilla española* genannt, angeblich gar keine spanische Erfindung ist, sondern erstmals schriftlich in einem

Die schöne Kunst, unter all den verlockenden Delikatessen die richtige Auswahl zu treffen und sie im Stehen zu genießen

belgischen Kochbuch erwähnt wurde. Doch längst haben sich die kulinarischen Kreationen im Kleinformat weiterentwickelt.

Inzwischen gelten die anspruchsvollsten baskischen *pintxos* sogar als vollwertiger Bestandteil der *nueva cocina vasca*. Begründet wurde diese heute weltweit renommierte Kochkunst in den 1980er Jahren von Könnern wie Juan Mari Arzak, dem ersten Chef, der sich 1989 in der Region drei Michelin-Sterne erkochte. Seither haben sich viele *pintxo*-Kreateure die baskische Haute Cuisine zum Vorbild genommen, veranstalten, weil das Konkurrenzdenken den Basken nun mal im Blut liegt, untereinander Wettbewerbe, denken sich ständig neue, noch gewagtere, noch verrücktere, noch wunderbarer schmeckende Köstlichkeiten *en miniature* aus.

KULINARIK ZWISCHEN KLASSIK UND MODERNE

Fragt man nach den Gründen für den überragenden Erfolg der immer noch jungen baskischen Kochkunst, so bekommt man von der geradezu magischen Versöhnung zwischen baskischer Klassik und baskischer Moderne zu hören. Sowie

Inzwischen hat die Neue Baskische Küche San Sebastián zu nicht weniger als 18 Michelin-Sternen verholfen und damit, auf den Quadratkilometer und die Einwohnerzahl von knapp 200.000 hochgerechnet, zur gastronomischen Welthauptstadt gemacht.

von Magiern am Herd, die von ihren Müttern und Großmüttern gelernt haben, die lokalen Traditionen kennen und ehren, aber nicht sklavisch am Althergebrachten festhalten, sondern auf den Fundamenten ihrer Vorfahren Neues aufbauen. In diesem Neben-, nein, diesem Miteinander von Bodenständigkeit und Innovation liege das Geheimnis. Und zudem in der Tatsache, dass sogar manche der besten Restaurants vor Ort für jeden Gast mit Sinn für hervorragendes Essen erschwinglich seien.

Was auf Juan Mari Arzak, Pedro Subijana und Martín Berasategui, das berühmte kulinarische Dreigestirn San Sebastiáns, zutrifft, gilt umso mehr für die vielen namenlosen Köche in den *pintxo*-Kneipen. Auch sie stützen sich auf Bewährtes, um gleichzeitig Unerwartetes zu wagen. So kommt es, dass sich die *pintxo*-Palette gewissermaßen ins Unendliche zu erweitern scheint. In Löffeln, Schüsselchen, Pfännchen und auf Schiefertafeln, gegrillt, gebraten, gesotten und gedünstet, heftig gepfeffert oder mild gesalzen, leicht scharf, sanft bitter oder angenehm sauer – vor allem in der Altstadt von Donostia, die ganz so alt nicht ist, da sie nach dem großen Brand von 1813 neu aufgebaut werden musste, tut sich ein wahres Schlaraffenland für Gourmets und Gourmands auf.

URIG-RUSTIKAL NEBEN TRENDIG-MODERN

In dem schachbrettartig angelegten Ensemble aus Gassen und Gässchen rund um die Straße Fermín Calbetón und die zentrale Plaza de la Constitución reihen sich Dutzende von *pintxo*-Bars aneinander: ein Schlemmerparadies aus altertümlichen Eckkneipen mit Schummerlicht neben modern-unterkühlten Etablissements mit kruder Neonbe-

leuchtung, aus urig-rustikalen Traditionslokalen, die sich im Lauf von Jahrzehnten zu wahren Kultkneipen entwickelt haben, und trendigen Neugründungen, denen oft bloß eine Existenz von wenigen Monaten beschieden ist.

Hier wie da, Giebel an Giebel, geht vor allem an den Wochenenden das allseits beliebte *txikiteo* über die Bühne, wie das Hüpfen von Bar zu Bar, von Drink zu Drink, von einem Häppchen zum nächsten genannt wird. Die angesagtesten Schauplätze dieses Rituals sind oft nur winzige Räume, in denen zu den Stoßzeiten unglaubliches Gedränge herrscht. Aber Ellbogeneinsatz, lautes Geschrei, schwitzendes Personal und eine unentwegt plappernde Klientel, das alles gehört zur echten *pintxo*-Atmosphäre einfach dazu. Genauso wie die unsicheren Touristen, die sich minutenlang umschauen, Augen, Mund und Nase aufreißen, nur staunen und sich angesichts all der Köstlichkeiten, unter denen sich die langen, schmalen Theken biegen, einfach nicht entscheiden können.

EUSKADI HAT DEN RUF, DIE KREATIVSTEN KÜCHENMEISTER SPANIENS ZU BEHEIMATEN

Die wahren *aficionados* aber wissen, wo sie allerbeste Qualität erwarten dürfen. Die wird beileibe nicht immer nur von den allerneuesten Avantgarde-Kreationen geboten, im Gegenteil. Auch die in feinem Eierteig auf den Punkt und absolut frisch frittierten Garnelen, wie man

In baskischen Küchen sind der Phantasie keine Grenzen gesetzt, vorausgesetzt, die Zauberer am Herd greifen auf erstklassige Zutaten aus der Region zurück und zeigen bei deren Verarbeitung ausgeprägten Perfektionismus.

sie etwa in der patinasatten Altstadt-Bar Paco Bueno ordern kann, finden reißenden Absatz. Oder die Pilzspezialitäten aus der Bar Ganbara und der Bar Gandarias, die Meeresspinnen von Txepetxa, das Steak Tartar und die Mini-Filetsteaks in der Bar Astelena – man wird kaum fertig mit dem Aufzählen, Loben und Empfehlen. Obwohl, mit den Tipps anderer Leute ist das bekanntlich immer so eine Sache. Eigentlich muss jeder Genießer seine persönlichen Favoriten nach ausgiebigem Probieren, geduldigem Testen, langem Herumvagabundieren und immer neuem Experimentieren selbst entdecken.

Bar Astelena: Derzeit einer der besten pintxo-Spots der Stadt: jung, kreativ, unheimlich gut und dazu auch noch unschlagbar günstig

¡VAMOS A LAS PLAYAS!

*Eine Stadt, **drei Strände** und unzählige Möglichkeiten: Flanieren, Schwimmen, Surfen, Tauchen, Schnorcheln, Paddeln … oder einfach nur: Genießen!*

Das Treiben in Donostias Gassen mag an Ali Mitgutschs Kinderbuchklassiker *Rundherum in meiner Stadt* erinnern; der Strand von San Sebastián aber präsentiert sich tatsächlich wie ein zum Leben erwachtes Wimmelbuch. Oder besser: die Strände, denn es gibt gleich drei davon.

Am berühmtesten ist die Concha, die nicht nur aufgrund ihrer sanft geschwungenen Muschelform als einer der schönsten Stadtstrände der Welt gilt. Kaum irgendwo sonst lässt es sich derart gediegen und entspannt flanieren – und zugleich observieren. Zur Rechten wird der Muschelstrand von einer Mauer

Playa de la Concha: einer der attraktivsten Stadtstrände weltweit

begrenzt, auf der der Real Club Náutico wie eine auf Sand gelaufene Luxusyacht thront, während den linken Abschluss der Pico del Loro bildet, ein kleiner Felsvorsprung unterhalb des Palacio Miramar. Die dazwischen liegenden anderthalb Kilometer durchlaufen die Einheimischen täglich – häufig, je nach persönlichem Fitnessquotienten, sogar mehrfach. Auf keinen Fall darf bei diesem typisch donostiarrischen Ritual vergessen werden, bei der Ankunft am Felsen im Westen bzw. an der Mauer im Osten mit Hand oder Fuß abzuklatschen. Wer dies versäumt, ist sofort als Tourist enttarnt.

SCHAULAUFEN AM MUSCHELSTRAND

Doch nicht nur an fehlenden Klapsen gegen Gestein oder eventueller Blässe lassen fremde Strandwanderer sich leicht erkennen. Ungeübte Flaneure durch die Concha-Bucht fallen oft vor allem durch ein bemängelnswertes äußeres Erscheinungsbild auf. Hochgekrempelte Jeanshosenbeine? T-Shirts mit Werbebotschaften? Für den endemischen *donostiarra* auch und gerade am Meeressaum undenkbar. Hier stapft man und frau höchst elegant und nach der neuesten Strandmode gekleidet durch den Sand. Nirgendwo sonst sind die Lippen auch bei 30 Grad akkurater gefärbt, werden die der exzellenten Küche geschuldeten Bäuche stoischer eingezogen. Das ist allerdings auch nötig, denn schließlich beäugen sich die Promenierenden unablässig gegenseitig, kritisch und neugierig. Bei nur knapp 200.000 Einwohnern kennt man sich. Und so vermeidet jeder *donostiarra*, der etwas auf sich hält, es tunlichst, jemals zwei Tage hintereinander in derselben Badehose gesichtet zu werden.

Strandrituale der Einheimischen und Stammgäste: **Abklatschen** *verrät den Habitué.*

Dasselbe gilt übrigens für das allabendliche Flanieren über die Uferpromenade, den Paseo de la Concha. Auch dort machen die *pijos*, wie die Einwohner San Sebastiáns von ihren Landsleuten bisweilen ein wenig gehässig genannt werden, ihrem Ruf als modeversessene Snobs alle Ehre. Die Damen perfekt frisiert, dezent geschminkt, die Absätze hoch; die Herren mit dem obligatorischen Pullover um die Schultern. Man kann das Ganze aber auch wohlwollend betrachten: Die *donostiarras* sind sich der aristokratisch geprägten Vergangenheit ihrer Stadt eben jederzeit bewusst.

IM KÖNIGLICHEN BLICKFELD

Wesentlich lockerer geht es auf der Playa de Ondarreta zu. Es sei denn, es herrscht Ebbe. Dann lässt der „Papageienschnabel", der die Concha zur Linken begrenzt, sich auch auf dem Strandweg umrunden, so dass die *pijos* vom Muschelstrand ihre Wanderungen bis ans Ende des

Ondarreta-Strandes fortsetzen – und erst an dessen Mauer abklatschen.

Ansonsten gilt der kleinste der drei Stadtstrände nicht nur modisch als der ungefährlichste, so dass vor allem Familien mit kleinen Kindern dem 600 Meter langen und 100 Meter breiten Sandstreifen den Vorzug geben. Zudem sind hier die meisten Strandfußballer, -volleyballer und -tennisspieler anzutreffen. Über sie und alle anderen Badegäste wacht von ihrem Sockel in einem kleinen Park im Hintergrund Königin María Cristina, der die Stadt einst ihren Aufstieg zum offiziellen königlichen Sommersitz verdankte. Huldvoll blickt sie über die Nachfahren ihrer Untertanen, während sich zu ihrer Rechten der Palacio Miramar erhebt. Über viele Jahre Wohnsitz der royalen Gäste, verfügt er über einen wunderschönen parkähnlichen Garten, von dem aus sich heutzutage auch bürgerlichen Besuchern ein einmaliger Blick über den Doppelstrand bietet.

VON DER „SCHÄL SICK" ZUM SURFER-PARADIES

An der Playa de Ondarreta sind sie nur noch selten anzutreffen, meist an Tagen mit besonders starker Brandung. Ansonsten haben sie

Playa de Ondarreta: entspannte Atmosphäre im Freundes- und Familienkreis

Playa de Zurriola: Wellenreiter bei ihrer Lieblingsbeschäftigung

am dritten Stadtstrand, der Playa de Zurriola, eine neue Heimat gefunden. Die Rede ist von jenen in schwarzes Neopren gezwängten Gesellen, die das ganze Jahr über aus der Entfernung betrachtet wie eine seltsame Pinguin-Art auf den Wellen zu schaukeln scheinen. Erst bei genauerem Hinsehen erkennt man, dass es sich um Surfer handelt, die den Zurriola-Strand inzwischen zu einer der international beliebtesten Destinationen ihrer Zunft auserkoren haben.

Dabei gibt es dieses Wellenreiter-Paradies noch gar nicht so lange. Bis vor wenigen Jahren galt das winzige Viertel Sagüés, das sich an den Stadtteil Gros mit seinem Zurriola-Strand schmiegt, als Donostias Schmuddelecke. In Zeiten weniger ausgeprägten Umweltbewusstseins kippte der örtliche Schlachthof hier fröhlich seine Abfälle ins Meer. Zum Glück wurden dessen Pforten längst geschlossen. Seit der bis dahin wegen der extremen Brandung kaum genutzte Strand in den 1990er Jahren ausgebaut und befestigt wurde, hat er sich, samt dem dazugehörigen Quartier, zu einem regelrechten In-Viertel gemausert, das vor allem bei jüngeren Semestern sehr beliebt ist. Statt mit dem Pullover um die Schultern über den Paseo de la Concha zu wandeln, hockt die örtliche

HOYA

Ob Erholung oder sportliche Aktivität: An den Stränden von Donostia bieten sich **Sommerfrischlern** *ideale Bedingungen.*

Eigentlich verboten: Sprünge von der Aussichtsplattform am Eingang zum Hafen

Jugend spätnachmittags auf der zum beliebten Treffpunkt avancierten Mauer von Sagüés und beobachtet, wie die Abendsonne in die Wellen plumpst – stets gemeinsam mit dem einen oder anderen weniger standfesten Surfer.

EINE FÄHRE ZUM INSELSTRAND

Übrigens: Eigentlich gibt es auch noch eine vierte *playa*. Während der Badesaison kann man vom Hafen aus mit einer kleinen Fähre nach Santa Clara und zum dortigen Sandstrand übersetzen – wenn die Insel nicht gerade „okkupiert“ wird. Aber das ist wieder eine andere Geschichte, und die soll an anderer Stelle erzählt werden ...

AM STRAND

„Ich fand meinen Badeanzug, wickelte ihn mit einem Kamm zusammen in ein Handtuch, ging hinunter und die Straße hinauf, die zur Concha führt. Die Flut war im Abnehmen. Der Strand war fest und glatt und der Sand gelb. Ich ging in eine Badekabine, zog mich aus, zog meinen Badeanzug an und ging über den glatten Sand zum Meer. Der Sand war warm unter meinen nackten Füßen. Es waren eine ganze Menge Leute am Strand und im Wasser. Weit weg, jenseits, wo die bergigen Landzungen der Concha sich beinahe trafen, um den Hafen zu bilden, war eine weiße Linie von Wellenbrechern und das offene Meer. Obgleich die Flut abnahm, gab es ein paar langsam heranrollende Wellen. Sie sahen wie eine Ondulation im Wasser aus, sammelten Gewicht und brachen sich dann sanft auf dem warmen Sand. Ich watete hinaus. Das Wasser war kalt. Als eine Welle kam, tauchte ich, schwamm unter dem Wasser, kam wieder an die Oberfläche, und alles Frösteln war vorbei. Ich schwamm hinaus, zum Floß, zog mich hinauf und lag auf den heißen Planken."

ERNEST HEMINGWAY, 1926

Aus Sachsen nach Guipúzcoa

FAMILIE INTERNATIONAL

Ein baskisch-deutsches Strahlen:
Jon und Paula, Susann und Joan,
leidenschaftliche Radfahrer.

Susann Scharfe und Jon Paul Llordés Arratibel lernten sich 2003 am Golf von Vizcaya kennen. Die in Sachsen geborene Deutsche, die sich im Rahmen eines EU-Programms für Nordspanien entschieden hatte, war Mitglied einer Wandergruppe, der Sohn katalanisch-baskischer Eltern deren Guide. Mit Töchterchen Paula und Sohn Joan wohnen die beiden im Stadtteil Ategorrieta. Sie arbeitet als Teilzeitangestellte in einem Reisebüro, er ist freiberuflich im Medienbereich tätig.

Susann, du lebst nun bereits seit 2007 in San Sebastián – wie groß war die Umstellung?

Sehr groß! Da ich ziemlich familienbezogen aufgewachsen bin, vermisse ich meine Verwandten schon sehr. Die Entfernung zu meiner Heimat ist einfach ziemlich groß. Zudem ist der Alltag in Spanien ganz anders als in Deutschland, daran musste ich mich erst einmal gewöhnen. Auch das Arbeitsleben ist völlig verschieden. Die hierarchischen Strukturen bringen mit sich, dass man ziemlich unselbstständig arbeitet, was ich von zuhause überhaupt nicht kannte.

Was magst du besonders an der Stadt?

Ihre Lage ist natürlich einmalig: das Meer, die Berge, die kurzen Wege … Zudem ist die Lebensqualität sehr hoch, vor allem für Familien mit Kindern, denen alle erdenklichen Annehmlichkeiten geboten werden. Und das alles bei nicht einmal 200.000 Einwohnern.

Und was gefällt dir hier überhaupt nicht?

Die verhältnismäßig hohen Lebenskosten in dieser Stadt – eine der teuersten Städte Spaniens; das Schulsystem, das mit seinen öffentlichen Schulen einerseits und den kostenpflichtigen privaten andererseits schon in jungen Jahren zu einer klassenbewussten Gesellschaft führt; der Umgang mit öffentlichem Eigentum oder das Verhalten auf öffentlichen Plätzen.

Was ist für dich typisch „donostiarrisch"?

Perfekt gekleidet entlang der Concha spazieren, danach einen pintxo *essen und ein Glas Wein trinken gehen – das ist Donosti. Am Ufer des Meeres entlangspazieren, Radfahren, Laufen, Skaten oder Surfen – das ist das aktive Donosti. Gespräche und Diskussionen ohne Ende über das Essen, die Zutaten, die Art und Weise der Zubereitung – das ist das kulinarische Donosti.*

Und was ist für dich typisch, Jon?

Klar, unser Essen, aber auch die Natur, die Erinnerungen an die Belle Époque, unsere Fähigkeit, das Leben zu genießen, kurzum: ein gewisses Savoir-vivre.

Was gefällt dir weniger an San Sebastián?

In der Vergangenheit wurde in dem Bestreben, alles neu zu machen, viel vom kulturellen und architektonischen Erbe der Stadt zerstört, so dass etliche Orte ihre Seele verloren haben. Zudem ist Donosti meiner Meinung nach eine Stadt, wo der äußere Schein eine zu große

Sportlerparadies in Bilderbuch-Kulisse

Rolle spielt; für mich sind jedenfalls andere Dinge wichtiger. Zudem glaube ich, dass man die Kunden in vielen Geschäften, Kneipen und Restaurants durchaus ein bisschen freundlicher behandeln könnte.

Wie sprecht ihr zuhause eigentlich mit euren Kindern?

Mit ihrer Mutter sprechen sie Deutsch, mit mir Baskisch, also die Sprache, die auch in der Kinderkrippe und in ihrer Schule gesprochen wird. Mit ihren Großeltern unterhalten sie sich auf Spanisch, und Paula hat soeben begonnen, mit Gleichaltrigen die ersten englischen Wörter zu lernen. Wir glauben, dass das mehrsprachige Aufwachsen für die Kinder von großem Vorteil ist, für ihr späteres, berufliches Leben.

Habt ihr einen Lieblingsplatz in der Stadt? Eine Lieblingsjahreszeit? Ein Lieblingsfest?

Lieblingsplatz: Monte Ulia, unser Hausberg, da haben wir uns kennengelernt und da gehen wir auch immer wieder gerne hin. Lieblingsjahreszeit: der Herbst. Lieblingsfest: die tamborrada *am 20. Januar, das wichtigste Fest der Stadt.*

IM SAND

„Ich spielte im Sand der Concha, baute kleine Seen in den Sand, und es bereitete mir Vergnügen, ein paar wertlose Dinge in irgendwelchen Löchern zu vergraben und fünf oder sechs Tage später nachzuschauen, ob sie noch immer dort waren."

PÍO BAROJA, 1944

WAS FÜR EIN AUSBLICK!

*Der **Monte Igueldo** besticht nicht nur durch einen spektakulären Blick auf die Stadt, sondern auch durch einen aus der Zeit gefallenen Vergnügungspark, der meist im Dornröschenschlaf liegt.*

Schon beim Aufstieg kommt man sich vor, als wäre man mit dem Hogwarts Express in eine verzauberte Welt unterwegs. Obwohl „Express“ in diesem Fall wohl nicht ganz die treffende Bezeichnung ist. Gemächlich zuckelt der *funicular*, die liebevoll gehegte und gepflegte Bergbahn, die

El Torreón: *Leuchtturm und Drachenwohnung*

größtenteils noch aus den Originalteilen des Einweihungsjahrs 1912 besteht, den Monte Igueldo hinauf. Oben auf dem Berg angelangt, verschlägt einem der phantastische Ausblick über die Concha-Bucht zunächst einmal die Sprache.

Kein Wunder, dass die *donostiarras* an ebendieser Stelle Anfang des 20. Jahrhunderts eines jener Casinos errichteten, in denen der müßiggehende in- und ausländische Adel sich seinerzeit so gern die Zeit vertrieb. Zum Leidwesen der Denkmalschützer, aber zur Freude der Touristen musste dieses 1967 einem Neubau weichen, der heute ein Viersternehotel beherbergt, in dem es sich immer noch bestens müßiggehen lässt. Bei diesem Ausblick …

KAUM VERGNÜGEN AM WERKTAG

Es fällt in der Tat schwer, sich von dem einzigartigen Panorama loszureißen. Doch der Monte Igueldo hat auch noch andere Besonderheiten zu bieten, die der Entdeckung harren. Der *parque de atracciones* wird in den örtlichen Tourismusbroschüren als Riesenvergnügen vor allem für kleine Besucher beworben – und einzig und allein nach deren Terminplan richtet sich der Betrieb auch. Was viele Informationsblätter nämlich verschweigen: Sowohl im Frühjahr als auch im Herbst und Winter hat der Freizeitpark ausschließlich an Wochenenden und Feiertagen und auch dann nur einige Stunden geöffnet. Im Sommer, wenn der Park im Prinzip ganzwöchig betrieben wird, hält man sich ebenfalls strikt an die Stundenpläne und den Ferienbeginn der donostiarrischen Jugend.

GEISTERSTADT MIT GEISTERBAHN

Wer den Monte Igueldo an einem Wochentag vor dem letzten Juni-Drittel besucht, findet sich daher in einer nahezu verwaisten Geisterstadt mit ganz eigenen, wenn auch ein wenig bizarren Reizen wieder. Einsam und verlassen dümpeln die Bötchen vor sich hin, die zu einer Spazierfahrt auf einem künstlichen Wasserlauf in schwindelerregender Höhe einladen. Der Höllenschlund des Untiers, das den Eingang zur Geisterbahn bewacht, sieht mit heruntergelassenen Rollläden ganz friedfertig aus. Geschlossen auch die Achterbahn, die entgegen der sonst in Spanien gebräuchlichen Bezeichnung *montaña rusa* auf dem Monte Igueldo *Montaña Suiza* (Schweizer Berg) genannt wird.

Der Legende nach vereinten hier einst die drei Hexen Mari Zaharra, Mari und Mari Txiki ihre Zauberkräfte, um den Angriff eines besonders mächtigen Drachenboots der Wikinger, die häufig über die Küstenstadt herfielen, mit einer gigantischen Welle abzuwehren. Was auch gelang, hatte die Welle doch die Größe – genau: eines Schweizer Bergs.

Nur für mutige txikis: Bötchen- und Achterbahnfahren am Abgrund

An Ruhetagen fällt es allerdings schwer, sich vorzustellen, dass die donostiarrischen *txikis*, wie Kinder hier neckend genannt werden, sich freiwillig in die doch deutlich in die Jahre gekommene Konstruktion begeben und in den Abgrund stürzen – auch die *Montaña Suiza* führt nämlich haarscharf an den Klippen vorbei.

☆☆☆☆☆

SAGENHAFTE LEUCHTTURMWÄRTER

Neben einer Vogelschau, die auch für Erwachsene gedacht ist und daher auch werktags geöffnet hat, und einem Imbissstand, der mit seinen Süßigkeiten eindeutig am spärlichen Publikum unter der Woche vorbeizielt, bietet der Monte Igueldo aber noch eine echte Sehenswürdigkeit: *El Torreón* – so nennt sich der imposante ehemalige Leuchtturm aus dem 18. Jahrhundert, der bereits Mitte des 19. Jahrhunderts wieder aufgegeben wurde, da er den baskischen Nebel oft nicht zu durchdringen vermochte und daher ohne großen Nutzen war. Und das, obwohl der Sage nach ein echter Drache für das damals mit Holz erzeugte Leuchtfeuer verantwortlich zeichnete: Ob Igeltxo, so sein Name, wohl auch heute noch im Leuchtturm wohnt? Wochentags ist er jedenfalls nicht zuhause anzutreffen. Genauso wenig wie seine vier Mitbewohner, die *GALTXAGORRIS*, Zwerge, die an ihren roten Hosen zu erkennen sind.

Adresse der Bergbahn
(fährt alle 15 Minuten):
Plaza del Funicular 4
www.monteigueldo.es

PITTORESK

„San Sebastián ist pittoresk in einer Bucht am Golf von Biskaya gelegen; die Felsen, die es umgeben, erheben sich steil aus den Tiefen des grünen und tiefen Wassers.“

HANS CHRISTIAN ANDERSEN, 1862

In den Armen der Stars

Es ist trockener als in Venedig, wärmer als in Berlin, nicht ansatzweise so versnobt wie in Cannes und was, bitte, war nochmal Locarno? Das Internationale Filmfestival von San Sebastián ist vielleicht nicht das bedeutendste der europäischen Kinofestspiele, aber zweifellos das charmanteste.

Zugegeben, am Anfang ist es schon ein wenig gewöhnungsbedürftig. Man wartet an der Ampel, und neben einem steht ein älterer Herr, der einem irgendwie bekannt vorkommt.

Man möchte ihn grüßen, aber dann wird einem gerade noch rechtzeitig bewusst, dass es sich bei dem Herrn keineswegs um einen persönlichen Bekannten, sondern um den amerikanischen Schauspieler John Malkovich handelt. Ach, und auf der anderen Straßenseite geht gerade US-Star Bradley Cooper vorbei.

Rauchern, die auch in San Sebastián inzwischen nur noch vor den Türen der *pintxo*-Bars ihrer Leidenschaft frönen dürfen, kann es in der zweiten Septemberhälfte durchaus passieren, dass Frankreichs Filmdiva Cathérine Deneuve neben sie tritt und um Feuer bittet. Dem australischen Action-Helden Hugh

Jackman hingegen begegnet man am ehesten in der Innenstadt, auf dem Fahrrad oder beim Tortilla-Essen, während der Puerto-Ricaner Benicio del Toro in einer der In-Diskotheken anzutreffen ist, wo er Augenzeugenberichten nach beim Tequila-Konsum gern auf das lästige Glas verzichtet. Und wer ganz viel Glück hat, der kann sich von Richard Gere in die Arme schließen lassen. Seufz ...

Penélope Cruz

ALLES FÜR DEN GLAMOUR-FAKTOR

Das Internationale Filmfestival von San Sebastián, oder *Donostia Zinemaldia*, wie es auf Baskisch heißt, erblickte am 21. September 1953 das Licht der cineastischen Welt. Zunächst noch der bescheidenen B-Kategorie zugehörig, wurde es 1957 in den A-Status erhoben. Der bis dahin noch silberne muschelförmige Hauptpreis verwandelte sich in eine *Concha de Oro* und San Sebastián avancierte zu einem der fünf wichtigsten Filmfestspiele in Europa. Eine Liga, in der es sich bis heute,trotz ständig reduzierter Budgets, erfolgreich halten konnte.

John Malkovich

Zu den Muscheln, mit denen alljährlich der beste Film, die beste Regie, das beste Drehbuch, der beste Darsteller und die beste Darstellerin sowie die beste Kameraführung ausgezeichnet werden, gesellte sich ab 1986 der nach der Stadt benannte *Premio Donostia*, offiziell verliehen für das Lebenswerk eines Filmschaffenden. Böse Zungen behaupten, dieser Preis sei nur erfunden worden, um bei jeder Ausgabe

Film- und Kongresspalast: der Kursaal von Rafael Moneo

den von den Festival-Besuchern (und das ist in der Regel die ganze Stadt) so ersehnten „Glamour-Faktor" garantieren zu können, also die eine oder andere möglichst bekannte Hollywood-Größe an die nordspanische Atlantikküste zu locken.

Den Anfang machte 1986 Gregory Peck; es folgten, um nur einige zu nennen, Bette Davis, Lauren Bacall, Michael Douglas, Jeremy Irons, Jeanne Moreau, Robert de Niro, Woody Allen, Meryl Streep und Dustin Hoffman. Ach ja, und natürlich Richard Gere. Aber zu ihm später. Ferner durfte etwa Matt Dillon 2006 im zarten Alter von 42 Jahren die Auszeichnung für sein Lebenswerk entgegennehmen. Auch Julia Roberts, Preisträgerin von 2010, hatte noch nicht einmal ihren 43. Geburtstag gefeiert, als man ihre Verdienste würdigte. Aber: Hauptsache, sie war da. Und brachte Glamour mit.

OHNE HOLLYWOOD GEHT ES AUCH HIER NICHT

Dass dem Festival ohne Hollywood der ganz große Glanz abhanden kommt, diese Erfahrung durften die Organisatoren machen, als sie bei der 53. Ausgabe 2005 auf die absurde

Idee verfielen, im offiziellen Wettbewerb völlig auf US-amerikanische Beiträge zu verzichten. Dies vielleicht auch, weil sie klammheimlich ein wenig frustriert über die häufigen Absagen aufgrund des zeitgleich abgehaltenen Festivals von Toronto waren, dem die Amerikaner gern den Vorzug geben. Was man allerdings nicht bedacht hatte: Wo keine US-Produktionen vertreten sind, kommen auch keine Hollywood-Stars, um sie zu bewerben.

Nun, das ausgesprochen wohlwollende und filmbegeisterte donostiarrische Publikum interessiert sich zwar ebenso für irakische, slowenische oder malische Filmbeiträge, in deren Vorführungen es während der Festivaltage selbst zu frühester Morgenstunde oder mitten in der Nacht massenhaft strömt. Das komplette Ausbleiben des „Glamour-Faktors" 2005 war dann aber doch des Guten zu viel. Die öffentliche Schelte fiel derart heftig aus, dass die Organisatoren diesen historischen Fehler nicht noch einmal begingen.

Ganz im Gegenteil. Seitdem geben sich die Filmgrößen im Baskenland wieder die Klinke in die Hand. Häufig nicht einmal, um einen *Premio Donostia* in Empfang zu nehmen oder mit offiziellen Wettbewerbsbeiträgen im Gepäck, sondern einzig und allein zu Promotionszwecken. Doch wenn dafür Ben Stiller und Robert Downey Jr., Quentin Tarantino und Brad Pitt eigens nach San Sebastián kommen, kann der Wettbewerb selbst schon mal zum Nebenschauplatz werden.

SUPERNORMALE STARS

Bei derart prominentem Besuch pflegen die lokalen Medien sich förmlich zu überschlagen, vor allem in der Berichterstattung darüber, ob der Star sich, wie die *donostiarras* es von ihm erwarten, „supernormal" benommen hat. Will heißen, ob er sich unters Volk gemischt und am Strand gelegen hat, in der Altstadt einen *txakolí* trinken oder im Zentrum shoppen war oder ob er sich – was glücklicherweise nicht häufig vorkommt – die ganze Zeit in seinem Hotel verbarrikadierte.

> ***Wenn zu Werbezwecken Ben Stiller, Quentin Tarantino und Brad Pitt anreisen, kann der Wettbewerb schon mal zum Nebenschauplatz werden.***

Julia Roberts, 2010

PRETTY WOMAN IST DOCH KEIN MÄRCHEN

Manchmal, wenn auch ziemlich selten, gibt es Momente, in denen man Hollywood dann doch ganz, ganz nahe kommt. Etwa auf einer jener Pressekonferenzen, bei denen selbst in San Sebastián aufgrund des Andrangs Sicherheitsabstände eingehalten, Absperrbänder gespannt werden und die ersten Stuhlreihen leer bleiben müssen. Als Richard Gere 2007 den *Premio Donostia* erhielt, war eine junge Journalistin so nervös, dass sie bei ihrer Frage zunächst heftig stotterte, bevor ihr die Stimme gänzlich versagte. Und Richard Gere? Stand auf, stieg vom Podium, kletterte über die Absperrung, ging auf die Frau zu, stellte sich vor sie hin, schloss sie in die Arme, drückte sie fest an sich und sagte: „Sie brauchen nicht nervös zu sein, ich bin ganz normal." Supernormal eben. Seufz.

Sich „supernormal" verhalten können die Filmleute allerdings nur, weil die Einheimischen sich ihnen gegenüber genauso benehmen und sie schlichtweg in Ruhe lassen. Gekreischt, geschrien und um Fotos und Autogramme gebettelt wird lediglich auf dem roten Teppich vor dem Kongresspalast und Auditorium Kursaal, dem vor seinem Bau heftig umstrittenen, heute jedoch zu einem Wahrzeichen der Stadt geadelten Festivalpalast des Architekten Rafael Moneo, sowie am Eingang des altehrwürdigen Hotels María Cristina, in dem die Stars in genauso altehrwürdiger Tradition alljährlich absteigen. Ansonsten bleiben sie unbehelligt. Derart, dass sie sich in San Sebastián völlig frei bewegen und eben einfach nur ganz normal sein können.

Richard Gere, 2007

TIAN

NEMALD
AN SEB

Eine ganze Stadt in Festival-Laune: Seit 1953 tobt **der Rummel** *um Stars und Sternchen.*

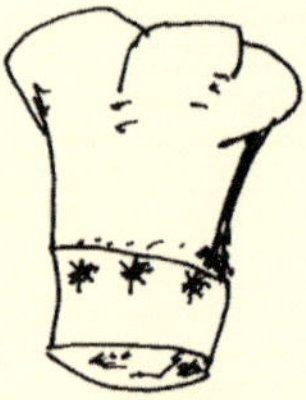

MIT GILDA AN MESA 19

In zwei ganz besonderen Bars: Wo man sich sogar sein Häppchen vom Omelett reservieren muss und das Vorbild für alle späteren *pintxos* serviert wird.

Erstaunlich! In der Bar Néstor gibt es nur einen einzigen Tisch, aber er trägt die Nummer 19. Um daran Platz nehmen zu dürfen, sollte man demnach rechtzeitig reservieren. So wie man in diesem emblematischen *pintxo*-Lokal in der Altstadt auch dann eine Vorbestellung aufgeben muss, wenn man bloß ein Stück von der hausgemachten *tortilla de patatas* genießen möchte. In der kleinen Küche des auch sonst nicht gerade geräumigen Ein-Tisch-Etablissements werden täglich nämlich nur ganze zwei Tortillas zubereitet, aus jeweils 14 Eiern und zwei Kilo Kartoffeln: die erste mittags um 13 Uhr, die zweite und letzte um Punkt acht Uhr abends. Insgesamt 32 Portionen, mehr nicht! Und nach jeweils drei Minuten ist die Platte komplett leergeputzt. Wen spontane Lust auf das typisch spanische Gericht überkommt, der hat eben Pech gehabt. Oder muss in eines der Nachbarlokale weiterziehen. Es sei denn, er hat sich, wie gesagt, sein ganz persönliches Häppchen schon vorab gesichert.

Skurril und eigensinnig

Von ihren Konkurrenten unterscheidet sich die Bar, die seit 1980 auf Nr. 11 der Calle Pescadería von den aus Valladolid stammenden Brüdern Néstor und Tito Morais García betrieben wird, auch noch in etlichen anderen Hinsichten, nach dem Motto: Qualität statt Quantität. Oder: frische Regionalprodukte statt eingeschweißter Importware. Während die Theken in etlichen Lokalen unter der Last von Dutzenden Häppchenvarianten, gefüllten Teigrollen, belegten Brötchen, innovativ garnierten Baguettescheiben und abenteuerlich bestückten Spießen geradezu ächzen, übt man sich in der Bar Néstor in puristischer kulinarischer Bescheidenheit.

Eine Speisekarte gibt es nicht. Sie würde sich bei einem derart übersichtlichen Angebot auch gar nicht lohnen. Denn neben den seltenen Omeletts stehen gerade mal zur weiteren Auswahl: einheimischer Schafskäse, Schinken aus Guijuelo, ein unvergleichlich aromatischer Salat mit Raf-Tomaten, Maldon-Salz und hochwertigem Olivenöl aus Jaén, gebratene *pimientos de Gernika* (grüne, großzügig mit Salz bestreute Paprikaschoten aus einer Kleinstadt in der Nachbarprovinz Vizcaya) und für den großen, vorwiegend männlichen Hunger gewaltige Kuh-Koteletts vom Grill. Sowie, auf keinen Fall zu vergessen: Gilda, der sansebastianensische *pintxo* schlechthin.

Wann, wo und wie la gilda, der berühmteste aller pintxos, erfunden wurde – darüber streiten sich die Gelehrten. Es gibt in Donostia gleich mehrere Bars, welche die Urheberschaft für sich beanspruchen.

Ein Holzspießchen, meistens ein Zahnstocher, daran aufgedolcht zwei grüne Oliven, eine Sardelle und eine in Essig eingelegte *guindilla* (dünne grüne Peperoni) – fertig ist der einfache, aber geschmacklich äußerst ansprechende Happen, zu dem meist *sidra* oder *txakolí*, der spritzige baskische Weißwein, getrunken wird. Nirgendwo, behaupten Kenner, schmecke dieser *pintxo* so köstlich wie bei Néstor. Und derart authentisch.

„Süß, salzig und ein bisschen pikant“

Dabei wurde er – angeblich – ganz woanders erfunden. Und zwar in der Bar Casa Vallés, in einem neueren Stadtteil von Donostia, in der Calle Reyes Católicos. Hier, gleich hinter der Buen Pastor-Kathedrale, eröffneten 1942 die aus Navarra stammenden Weinhändler Blas und Antxon Vallés eine Gastwirtschaft, in der es auch Kleinigkeiten zu essen gab. Beispielsweise die Anchovis-Oliven-Pfefferschoten-Kombination, deren Geschmack 1946 von einem Stammgast als „süß, salzig und ein bisschen pikant“ beschrieben wurde.

Da im selben Jahr der Film *Gilda* mit Rita Hayworth und dem legendären Handschuh-Striptease in den spanischen Kinos lief, fühlten sich angeblich nicht wenige Kunden beim Verzehr dieser kulinarischen Spezialität an die Ausstrahlung der amerikanischen Hauptdarstellerin erinnert, deren Vater, der Tänzer Eduardo Cansino, übrigens aus Andalusien stammte. Damit hatte der einfache, aber schmackhafte Imbiss seinen bis heute gültigen Namen. Und die Casa Vallés darf nach wie vor stolz darauf sein, dass *la gilda* – angeblich – an ihrer Theke erfunden wurde, direkt unter den immer noch wie aus einem ewigen Schinkenhimmel von der Kneipendecke baumelnden Schweinekeulen.

Bar Néstor, Calle Pescadería 11, Tel. 943 42 48 73, www.barnestor.es

Restaurante Bar Casa Vallés, Calle Reyes Católicos 10, Tel. 943 45 22 10, www.barvalles.com

Deutsch-Baskin mit Insiderwissen

TOURISMUS-SPEZIALISTIN

Neugierig und flexibel:
Jone Karres,
schon als Kind gelernt, in zwei Kulturen zu leben.

Jone Karres Azurmendi, Journalistin, Filmemacherin und Reiseführerin, hat einen deutschen Vater, eine baskische Mutter und ist in beiden Kulturen aufgewachsen. Nach dem Studium der Soziologie, Kunst- und Medienwissenschaften sowie deutscher Literatur an der Universität Konstanz lebt sie seit 2006 in San Sebastián, wo sie mit ihrem Tourismusunternehmen Adorebasque typische Erfahrungen und Tagesausflüge im gesamten Baskenland anbietet. Ansichten einer Insiderin.

Jone, wie lebt es sich in zwei Kulturen?

Ich kenne es nicht anders, aber ich erlebe es als sehr vorteilhaft. Als Kind lernt man über die Eltern, zwei Kulturen als eigene zu verinnerlichen. Jede Kultur hat ihre Stärken und Schwächen, so dass ich mir die „Rosinen" aus der jeweiligen Kultur herauspicke, also die Eigenschaften, die mir am meisten zusagen. Identitäten sind an sich dynamisch und immer konstruiert. Man lernt zu relativieren und verliert die Angst vor dem Anderssein, dem Unbekannten. Ich halte mich für flexibel, neugierig und fühle mich in verschiedenen Sprachen gleicher-

maßen zuhause, was natürlich auch viele Türen zu anderen Kulturen öffnet.

Worin liegen die charakterlichen Hauptunterschiede zwischen den *donostiarras* und beispielsweise den Bilbaínos und den Vitorianos?

Während die donostiarras *sehr baskisch geprägt sind – San Sebastián ist die Stadt, in der am meisten Baskisch gesprochen wird –, ist Bilbao aufgrund der eisenverarbeitenden Industrie stark von der Zuwanderung aus anderen Gegenden Spaniens beeinflusst und daher recht multikulturell. Allerdings eilt dem Bürgertum Bilbaos der Ruf voraus, etwas großspurig zu sein. Zum Beispiel nennen sie Champagner mit leichtem Humor „Wasser von Bilbao". Sie sind innovativ und stolz auf die wundersame Verwandlung ihrer ehemals industriellen Stadt in eine avantgardistische Metropole. Vitoria-Gasteiz wurde von den Römern geprägt und ist wohl die spanischste Stadt von allen dreien. Eine kleine Stadt mit Charme, freundlichen Einwohnern und den meisten Parks Europas.*

Was sind deine Lieblingsplätze in San Sebastián, welche Gebäude, Kneipen bevorzugst du?

Aus der Höhe, von den Bergen Ulia, Urgull und Igueldo, habe ich den besten Überblick. Magische Plätze: die Mauer von Sagüés, der Windkamm von Chillida, die Gärten des Miramar-Palastes, der Hafen sowie die Promenade Paseo Nuevo mit der Skulptur von Jorge Oteiza, nicht zu vergessen die Plaza de Bilbao mit ihrer eleganten Jugendstil-Architektur. Die Treppen der Basilika Santa María del Coro. Das Theater Bellas Artes, das aus dem Jahr 1914 stammt, baufällig ist und unter Denkmalschutz steht. Kneipen in der Altstadt: Paco Bueno, Casa Urola, Ganbara, Borda Berri, La Viña; in Gros: Bodega Donostiarra, Bergara. Cafés: Botanika, Belgrado, Maiatza, Oquendo, Tanger. Musik: Eiger, Bukowski, Dabadaba.

Bar La Viña, berühmt für Käsekuchen

Was ist typisch „donostiarrisch" für dich?

Die donostiarras *sind traditionsbewusst und unglaublich stolz auf ihre schöne Stadt: auf ihre Herkunft, ihre Seefahrtsgeschichte und vor allem auf ihre Gastronomie. Sie gehen bei Wind und Wetter schwimmen und tauschen anschließend leidenschaftlich Kochrezepte aus. Das soziale Leben dreht sich ohnehin größtenteils um Kochen und Essen. Es ist eine elegante Stadt, die besonders am Wochenende zum Joggen oder Flanieren an der Concha-Bucht einlädt – ein weiteres Hobby der Einheimischen.*

JONE KARRES
ADOREBASQUE
WWW.ADOREBASQUE.COM

Vom Monte Urgull: toller Blick auf den Concha-Strand

ÜBERRASCHEND

„Wir sahen das Dorf im Licht der aufgehenden Sonne, die die Wolken purpurn färbte. Niemand hatte uns gegenüber diese Stadt besonders erwähnt, noch hatte uns jemand gesagt, dass sie einen längeren Besuch wert sei, was sie sicherlich ist. Es ist eine authentische spanische Stadt mit einer wunderbaren Landschaft."

HANS CHRISTIAN ANDERSEN, 1862

Kerle am Herd, mit Schürze und Holzlöffel

In den txokos genannten gastronomischen Vereinigungen ist Kochen ausschließlich Männersache, aber inzwischen haben die Sitten sich gelockert.

Man erkennt sie an den Fahnenstangen über dem Eingang: die Lokale der *sociedades gastronómicas*, die sich in den engen Gassen der Altstadt von San Sebastián verstecken. Davon abgesehen sehen sie eigentlich aus wie ganz gewöhnliche Restaurants. Doch Achtung! Touristen und andere Nichtmitglieder der *txokos*, wie die gastronomischen Gesellschaften im Baskenland auch noch genannt werden, haben keinen Zutritt zu den Schlemmerparadiesen mit dem Flaggenhalter an der Fassade. Es sei denn, man wird von einem Mitglied als Gast eingeladen. Oder man versteht es, sich als kulinarisch besonders interessierter Passant auszugeben, der sich nichts sehnlicher wünscht, als endlich einmal einen Blick ins Innere dieser baskischen Geheimbünde nur für Männer zu werfen. Dann darf man – vielleicht – einen Schritt über die Schwelle ihres Refugiums wagen.

Unter Freunden und auf hohem kulinarischen Niveau: In den engen Gassen der Altstadt verstecken sich Dutzende von Kochclubs; zu denen hatten bis vor kurzem nur Männer Zugang

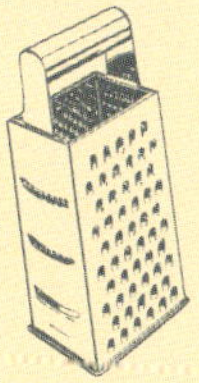

Unter Fahnenstangen geht es ins **Reich der kochenden Kerle** von der Muschelbucht – und die Politik bleibt draußen, wie meistens auch der weibliche Anhang.

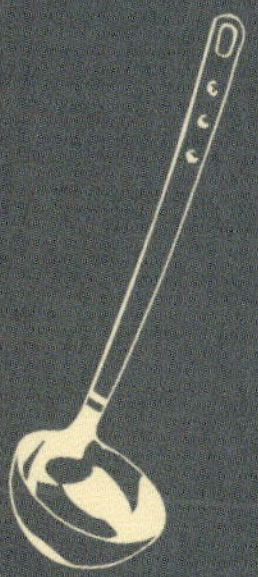

Überhaupt sind die Sitten in den *txokos* in den letzten Jahren lockerer geworden. Früher beispielsweise waren Frauen gänzlich aus den Männerkochbünden ausgeschlossen. Heute sind deren Herde, Töpfe und Pfannen für die Damenwelt zwar noch immer tabu, aber dann und wann dürfen sie als Besucherinnen an den langen Holztischen Platz nehmen und sich beköstigen lassen. Die einzigen Frauen, die das Reich der beschürzten, Holzlöffel schwingenden Kerle an der Muschelbucht betreten dürfen, sind die meist südamerikanischen Perlen mit den Gummihandschuhen, die am nächsten Morgen abwaschen, das Geschirr wieder in die Schränke räumen und auch sonst neuerlich für Ordnung in den privaten Männerwirtschaften sorgen.

ZUHAUSE HABEN SIE NICHTS ZU MELDEN, ALSO BEKOCHEN SIE SICH GEGENSEITIG: DIE BASKISCHEN MÄNNER

Gegründet wurden die ersten kulinarischen Vereine mit ausschließlich männlichen Mitgliedern Ende des 19. Jahrhunderts von Handwerkern. Angeblich, weil die Frauen in den baskischen Haushalten seit jeher das Sagen hatten und die Ehegatten weder bei der Erziehung der Kinder noch in der Küche mitreden durften. Um aus dieser festgefahrenen Rollenverteilung auszubrechen, sagt man, taten sich die Mannsbilder mit ihresgleichen zusammen, um gemeinsam zu brutzeln, zu schlemmen und zu prosten. Gelegentlich wurde auch Karten gespielt, gesungen oder engagiert diskutiert – am liebsten über Fußball, aber nie über Politik, weil dieses Thema, speziell im Baskenland, schnell für Missstimmung sorgt.

Folglich gibt man sich in den gastronomischen Clubs, von denen allein in Donostia rund 130 beheimatet sind, lieber mit Gourmet-Themen ab: mit Garnelen und *guindillas*, kleinen, in Öl gebratenen Paprikaschoten, mit Kabeljau und *kokotxas de merluza en salsa verde*, Fischbäckchen vom Seehecht in Knoblauch- und Petersiliensauce, mit Stierhoden und *sidra*, Tintenfisch und *txakolí*.

Und weil die Basken auch kulinarisch äußerst wettbewerbsorientiert sind, finden regelmäßig Kochduelle zwischen den verschiedenen *sociedades* statt. Ein Glückspilz, wer wenigstens einmal daran teilnehmen darf!

Die besten Zutaten gibt es **fang- und erntefrisch** *auf dem Markt.*

KRAFTPROTZE IN SARDINEN-KUTTERN

***Die Basken** sind verrückt danach, in sportlichen, kulinarischen und auch ziemlich bizarren Disziplinen gegeneinander anzutreten. In der Altstadt und in der Concha-Bucht finden regelmäßig entsprechende **concursos** statt.*

Wer hackt am rasantesten Holz? Wer schultert das schwerste Gewicht? Wer mäht am flinksten Gras? Wer schwimmt, wer rudert am schnellsten durch die Concha-Bucht?

Die Basken lieben Wettbewerbe, vor allem sportliche. Doch auch im kulinarischen Bereich misst man sich regelmäßig mit seinesgleichen, gerne auch mit Konkurrenten aus den in- und ausländischen Nachbargegenden. Der würzigste Idiazabal-Käse, die leckerste Pera-Tomate, die dicksten Pilze, die schmackhafteste Blutwurst, der spritzigste *txakolí*-Wein – in allen möglichen Disziplinen treten die Teilnehmer gegeneinander an, werden die Sieger mit Medaillen, Pokalen, Diplomen und obendrein häufig der *txapela*, der Original-Baskenmütze, ausgezeichnet. In den 1960er Jahren wurden sogar – heute undenkbar – *campeonatos de bebedores* veranstaltet. Meistertrinker mussten sich in einer halben

Stunde mindestens zweieinhalb Liter Bier in die Gurgel schütten.

Um die Ausrichtung der lukullischen *concursos* kümmern sich moderne Bruderschaften und Vereinigungen wie El Convivio de Slow Food Donostia oder die Cofradía Vasca de Gastronomía. Ihre Ursprünge jedoch haben diese Wettkämpfe in den agrarischen Berufen und ländlichen Traditionen der pisch war, Gewichtheben, Steinetragen oder Wiesenmähen – indem sie das Leben auf dem Land in Sportarten verwandelt haben, zeigen die gelegentlich als grobschlächtig verspotteten Basken nicht nur Arbeitseifer und Fleiß, sondern vor allem Sinn fürs Praktische.

Nicht selten müssen sogar Tiere beim menschlichen Wetteifern mitmachen. Die kräftigsten Ochsen

Früher Arbeits-, heute Sportgerät: Vom trainera-Boot aus wurde einst gefischt

Region. Dort sind auch die populären Sportarten verwurzelt, die auf Baskisch **HERRI KIROLAK** heißen und besondere Anforderungen an Kraft, Tüchtigkeit und Geschicklichkeit stellen. Ob Tauziehen, das sogar schon einmal olym- beispielsweise ziehen beim **IDI-PROBAK** tonnenschwere Betonklötze über den Asphalt, während flinke Hirtenhunde darauf gedrillt werden, so effizient wie möglich Schafs- und Ziegenherden beisammen zu halten.

Auch Ochsen und Hunde zeigen Sportgeist

An den Alltag der „Bauern des Meeres“ erinnern derweil die seit den 1870er Jahren an der gesamten spanischen Atlantikküste abgehaltenen Ruderregatten. Ursprünglich war die Teilnahme an diesen bis heute äußerst populären Rennen den Sardinenfischern vorbehalten. Inzwischen legen sich echte Ruderprofis in die Riemen der mächtigen, *traineras* genannten Holzboote und schwitzen (jedes Jahr an den beiden ersten Sonntagen im September) beim Kampf um die begehrte *bandera de la concha*, die Muschelflagge.

Die international **bekannteste baskische Sportart,** *ebenfalls schon bei Olympischen Spielen zugelassen, ist zweifellos* **pelota.**

Die international bekannteste baskische Sportart, ebenfalls schon bei Olympischen Spielen zugelassen, ist zweifellos *pelota*, ein Ballspiel, das auch in Frankreich, dank heimatbewusster Auswanderer in Mexiko, auf den Philippinen und in den USA praktiziert wird. Es gibt kaum ein Dorf in der Region, so gut wie kein Stadtviertel in Donostia ohne *frontón*. So heißt das Spielfeld, auf dem der Ball mit der

Mit Schmackes: Bei den aizkolaris, den Holzfällern, kommt es auf Kraft, Schwung und Schnelligkeit an

*Sie lieben jede Art von Sport, auch mitten in der Stadt: **Laufen, Radfahren, Inlineskaten, Skateboarden, dazu Schwimmen, Surfen, Tauchen, Kajakfahren, Rudern, Segeln** – und für fast jede Disziplin gibt es mindestens einen saisonalen Wettbewerb.*

Bei jedem Wetter: Viele Sportbegeisterte begnügen sich nicht mit bloßem Jogging

bloßen Hand, einem Holzschläger oder einem sanft geschwungenen Weidenkorb gegen die zwei hohen Wände befördert wird. Die Regeln sind nicht kompliziert, allein beim Zuschauen kapiert man sie schnell, ein bisschen Sportgeist und Talent zu logischem Denken vorausgesetzt.

Ob diese Fähigkeiten wohl auch für die Teilnahme am ebenfalls im Baskenland betriebenen Kinderspiel-Wettstreit „Schere, Stein, Papier" erforderlich sind? Der schnellste Krauler benötigte 2018 übrigens weniger als 30 Minuten für die knapp zweieinhalb Kilometer lange Durchquerung der Bahía de la Concha.

*Rund ums Jahr,
zu Land, aber vor allem
zu Wasser: eine Stadt
in* **sportlicher Bewegung.**

DONOSTIA 2016
SAN SEBASTIAN
DONOSTIA 2016
DONOSTIA 2016

Telmo Deun

19
ESP
829

Tabakfabrik mit Traumblick

Früher verirrte sich kaum ein Fremder ins eher unscheinbare Stadtviertel Egia. Dank des Kulturzentrums Tabakalera ändert sich das allmählich – trotz einiger tierisch eingebildeter Anwohner.

Du liebe Güte, was war das wieder ein Aufstand! Die Basken sind bekanntlich ein streitlustiges Völkchen, und so meckerten auch die *donostiarras* erstmal munter drauf los, als Pläne publik wurden, die ehemalige Tabakfabrik in Egia grundlegend zu restaurieren. Seit 1913 waren in der zunächst staatlich, später privat geführten „Tabakalera" Glimmstängel produziert worden, zu Hochzeiten in den 1920er Jahren zählte sie zu den größten Arbeitgebern San Sebastiáns mit fast 1.000 Angestellten, die meisten davon Frauen. Nach der Schließung des Betriebs 2003 legten die Stadt, der Landesverband Guipuzkoa und die baskische Regierung zusammen und kauften das Gebäude, das fortan als Kulturzentrum diente. In den ziemlich runtergekommenen ehemaligen Werkshallen, die zugegebenermaßen einen gewissen Shabby

Chic ausstrahlten, fanden in den Jahren danach experimentelle Filmdrehs und Ausstellungen statt, darunter 2007 eine besonders spektakuläre mit dem Titel „Summer" von Julian Schnabel.

Unausgeschlafene Kritiker

Mister Schnabel, der dem Vernehmen nach selbst eine Immobilie in Donostia besitzt, hätte seinerzeit tüchtig gegen die Renovierung und für den Erhalt des ruppig-ruinösen Status quo mitgestänkert, heißt es. Doch obwohl der amerikanische Maler und Filmemacher am Liebsten im Pyjama herumläuft, waren er und seine Mitstreiter dann doch nicht ausgeschlafen genug, um den für 2011 geplanten Beginn der Sanierung zu verhindern. Zum Glück. Pünktlich zum Kulturhauptstadtjahr 2016 (nun gut, so richtig voll und ganz abgeschlossen sind die Arbeiten bis heute nicht) öffnete das um ein Stockwerk samt spektakulärer Aussichtsterrasse erweiterte Kulturzentrum erneut seine Pforten. Der bei allem Vintage-Charme zuvor doch arg baufällige Kasten hatte sich zu einem derartigen Schmuckstückchen gemausert, dass selbst die krakeeligsten Kritiker schnell verstummten.

Nix mehr mit Shabby Chic: Selbst das Grünzeug in der Tabakalera ist ein Hingucker

„Stadt in der Stadt"

Mittlerweile wird die Tabakalera nicht nur von der einheimischen Bevölkerung begeistert angenommen. Der zu neuem Leben erwachte Bau ist nach der Idee einer „Stadt in der Stadt mit Straßen und Plätzen" konzipiert. Ist auch fast alles da, was man sich so vom Leben in der City gemeinhin erwartet: Kino- und Konzertsäle, Hotel und Kneipe, Ausstellungsräumlichkeiten, in denen häufig hochwertige Schauen (gratis) zu sehen sind, Ladenlokale für aufstrebende Nachwuchs-Designer und -Künstler, eine Bibliothek, eine Filmschule, vieles andere mehr sowie diese wirklich, man kann es ruhig wiederholen: spektakuläre Terrasse.

In Nachbars Garten ...

Wer gerade dort oben steht, sollte den Wahnsinnsblick übrigens nicht ausschließlich in Richtung Stadtzentrum, Monte Urgull, Urumea-Fluss oder Meer schweifen lassen, sondern auch mal nach links gucken: Dort sieht man nämlich den Park vor lauter Bäumen nicht. Direkt neben der Tabakalera liegt der Parque Cristina Enea, Donostias größte und vielleicht auch schönste Grünanlage, die – kein Wunder – schon des Öfteren als Kulisse für Open-Air-Aufführungen von Shakespeares „Sommernachtstraum" fungierte. Auf bisweilen verwunschenen, von exotischen Bäumen gesäumten Pfaden, entlang possierlicher Schwanenteiche und romantisch verfallender Mäuerchen und Gemäuer, lässt es sich auf dem 95.000 Quadratmeter umfassenden Areal entspannt einen Hügel hinaufspazieren, auf dessen Kuppe der Palacio del Duque de Mandas aus dem Jahr 1890 thront.

Picknicken verboten!

Der gleichnamige Herzog hatte das herrschaftliche Anwesen einst seiner geliebten Gattin spendiert. Ebenso freigiebig zeigte der gebürtige *donostiarra* sich über seinen Tod hinaus: Nach seinem Ableben sollte der Park samt Palast an seine Heimatstadt fallen. Allerdings – und da verstand der Duque keinen Spaß – mit strengen Auflagen. Darunter etwa das absolute Verbot, auf dem Gelände Fußball oder Pelota zu spielen, Fahrrad zu fahren sowie zu essen oder zu trinken. Was von zeitgenössischen Parkbesuchern nicht immer ganz zu hundert Prozent befolgt wird ...

Kein Wunder, dass die heutigen Anwohner des Palacio del Duque de Mandas sich was auf ihr Zuhause einbilden

Blasierte Puter

Noch heute wacht der Duque de Mandas mit Argusaugen über die Einhaltung der von ihm aufgestellten Regeln – vom Sockel einer Büste herab, die die *donostiarras* ihm zum Dank für seine Großzügigkeit direkt gegenüber dem Palast errichtet haben. Wesentlich versnobter als der verblichene adelige Stifter schauen indes jene „königlichen Truthähne" drein – so die wortwörtliche Übersetzung der Bezeichnung pavo real aus dem Spanischen –, die seit 1977 durch den Palastgarten stolzieren. Ein Trupp Pfauen, die den menschlichen Parkbesuchern selbst beim angeberischen Radschlagen am liebsten ihr Hinterteil zudrehen.

Tabakalera
Plaza de las cigarreras 1
www.tabakalera.eu

PATRIA

„Der Nachmittag kalt, aber sonnig. Nerea schlug einen Spaziergang über den Paseo Nuevo vor, wo man sich beim Anblick des weiten blauen Meeres unterhalten könne. Frei von Verpflichtungen, hatte Xabier nichts gegen den Vorschlag seiner Schwester einzuwenden. (…) Einer neben dem anderen atmeten sie die Meeresbrise; eine lange, diesige Küstenlinie lud zur Betrachtung ein, und unterhalb der Promenade die unaufhörlich heranrollenden Wellen, die sich schäumend an den Quadern des Schutzdamms brechen. (…) Hinter ihnen langweilte sich – rostig und den nächsten Sturm erwartend – die Skulptur von Oteiza."

FERNANDO ARAMBURU, 2016

EINE SPRACHE WIE KEINE ANDERE

***Euskara**, die baskische Sprache, ist uralt, aber immer noch **rätselhaft**, und wird gerade in Donostia fleißig gesprochen und gelehrt.*

KAIXO! ESKERRIK ASKO! AGUR! – Wie bitte? – Nun, das ist Baskisch. Oder *euskara*, wie man in *Euskal Herria*, also im Baskenland, sagt. Eine Sprache, die sogar den gewieftesten Linguisten bis heute Rätsel aufgibt und manchmal klingt, als würde man rückwärts sprechen.

Wo kommt die baskische Sprache her? Wie alt ist sie? Mit welchen anderen europäischen Sprachen kann *euskara* verglichen werden?

Lauter Fragen, auf die Sprachwissenschaftler bislang keine schlüssigen Antworten gefunden haben. Einigkeit herrscht in den einschlägigen Forscherkreisen eigentlich nur bei dem Urteil, dass Baskisch, im Gegensatz zu Kastilisch, Katalanisch und Galicisch, den drei anderen in Spanien offiziell anerkannten Sprachen, keine romanischen Wurzeln hat. Ja, sogar mit absolut keiner anderen Sprache genetisch verwandt ist. Demnach wird das *euskara* als sogenannte isolierte Sprache betrachtet. Im Gegensatz zu allen anderen Sprachen Europas, die ausnahmslos zu einer größeren Sprachfamilie wie dem Indogermanischen, dem Uralischen, den Turk- oder den semitischen Sprachen gehören.

Euskara, *die mysteriöse Sprache der Basken – so ähnlich wie Georgisch?*

AFRIKANISCHE ODER KAUKASISCHE VERWANDTE?

Trotz dieser einzigen Hypothese, die gemeinhin als seriös betrachtet wird, gab und gibt es immer wieder Versuche, das Baskische, angeblich die älteste Sprache in Europa, mit anderen Sprachen in Beziehung zu setzen. Doch ob Baskisch nun mit Berber-, Tuareg- oder Kaukasussprachen verwandt ist, mit der Niger-Sprache Songhai, Kongolesisch oder Georgisch – stichhaltige Beweise für diese Theorien konnte bisher niemand liefern. Im Gegenteil, alle diesbezüglichen Klassifizierungen gelten als äußerst fragwürdig.

Fest steht nur: Gesprochen wird Baskisch derzeit – Tendenz steigend – von rund 750.000 Menschen, von denen etwa 700.000 in Spanien, vorwiegend an der nördlichen Atlantikküste, und der Rest in Südwestfrankreich leben.

SPRACHLICHE UND KULTURELLE EIGENSTÄNDIGKEIT

Im spanischen Baskenland, d. h. in den Provinzen Guipúzcoa, Vizcaya und Álava, die eine Fläche von etwa 10.000 qkm umfassen, besitzt das Baskische seit 1978 den Status einer regionalen Amtssprache, eine Stellung, die es 1935/36, gegen Beginn des Spanischen Bürgerkriegs, schon einmal innehatte. Unter der darauffolgenden Franco-Diktatur (1939-1975) hingegen war der Gebrauch des Baskischen, wie der aller regionalen Sprachen im Land, im öffentlichen Bereich verboten. Erst mit der Demokratisierung Spaniens nach 1975 entstanden günstigere Voraussetzungen für die Stabilisierung und weitere Entwicklung der baskischen Sprache. Inzwischen gibt es zahlreiche Schulen mit Baskisch als Unterrichtssprache sowie Baskisch-Kurse für Erwachsene, zu deren Erfolg die Etablierung einheitlicher Schrift- und Sprachstandards nach 1968 entscheidend beigetragen hat.

Im sprachlichen Alltag ist die Muttersprache der Basken ohnehin allgegenwärtig – vor allem in Donostia. Viele Straßenschilder sowie sämtliche offiziellen Dokumente sind zweisprachig: auf *euskara* und auf *castellano*. Auch Ausländer, die Städte und Dörfer am Golf von Vizcaya als Urlaubsort oder Zweitwohnsitz gewählt haben, bemühen sich um den Gebrauch des Baskischen.

Schwer zu lernen, aber im Alltag omnipräsent

Wegen fehlender Bezüge zu den bekannten europäischen Nachbarsprachen gilt das Erlernen des Idioms mit den vielen Xs, TXs, Zs und Ks allerdings als ausgesprochen schwierig. Doch für ein paar Worte sollte der

Häufig, doch nicht immer, steht hinter dem baskischen Original die spanische Übersetzung

Wille zum Baskischen allemal reichen. Und sei es auch nur aus Respekt vor dem Stolz der Einheimischen auf ihre kulturelle und sprachliche Eigenständigkeit. Übrigens: *KAIXO* bedeutet auf Baskisch hallo, *ESKERRIK ASKO* heißt danke und mit dem Wörtchen *AGUR* verabschiedet man sich: Tschüss und auf Wiedersehen!

Auch genetisch einzigartig

Die Basken, die laut Experten mit den ersten Cro-Magnons nach Europa kamen und somit zu den ersten Völkern auf dem alten Kontinent zählen, rühmen sich nicht nur einer einzigartigen Geschichte und Sprache. Auch genetisch unterscheiden sie sich stark von ihren spanischen und französischen Nachbarn, wie entsprechende Studien bewiesen haben. Laut serologischen Befunden tritt die Blutgruppe Null bei den Basken häufiger auf als bei anderen europäischen Völkern. Zudem konnte bei keinem anderen Volk der Erde so viel rhesus-negatives Blut festgestellt werden.

BASKISCH

„Kein Latein, keine romanische, keine nordische Sprache hilft dir hier. Eine Sprache, in der die Worte ‚Wer durch diese Türe tritt, mag sich wie zu Hause fühlen': Atehan psatzen dubena bere etchean da heißen – die ist für uns wohl nicht zu enträtseln. Es hat sie auch keiner enträtselt."

KURT TUCHOLSKY, 1927

(K)EINE ZUKUNFT FÜR OLÉ?

Bis zu seiner vorübergehenden Abschaffung im Jahr 2012 galt San Sebastián als* <u>**Hochburg des Stierkampfs.**</u> *Kein Wunder, soll doch sogar die Wiege der* <u>**corrida**</u> *im Baskenland gestanden haben – behaupten die Basken.

Nein, sonderlich stolz scheint man auch in Donostia auf die jahrhundertealte, heute jedoch weitgehend verpönte Tradition des Stierkampfs nicht mehr zu sein. Wer sich auf die Suche nach der letzten errichteten *plaza de toros* begibt, wird nur mit Geduld und auf mehrfaches Nachfragen hin fündig. Hinter dem Sportkomplex rund um das Fußballstadion Anoeta und über ein paar nicht ausgeschilderte Treppen erreichbar, versteckt sich die Plaza de toros de Illumbe. Verlassen und vernachlässigt mutet die Umgebung des Gebäudes an. Das erst 2004 zu Ehren des bekannten Stierkampf-Impresarios Manolo Chopera errichtete Denkmal von Faustino Aizkorbe in Form eines Stierkopfes

Patina und Nostalgie: Mit etwas Glück stößt man da und dort in der Stadt noch auf Bilder und Plakate zur glorreichen Stierkampf-Vergangenheit

tut sich inmitten von Altglas- und Müllcontainern schwer, Würde auszustrahlen.

„EMEN DEK!" – BEREITS SEIT 1902 VERBOTEN

Dabei reicht die Tradition der *corrida* (der Ausdruck kommt vom spanischen Wort *correr*, laufen) im Baskenland bis ins 14. Jahrhundert zurück. Wobei die immer schon stilbewussten *donostiarras* bereits im Jahre 1524 betonten, dass sie der *sokamuturra*, einer etwas eleganteren *corrida*-Variante, bei der der Stier mit einem 60 bis 70 Meter langen Strick festgebunden und die Verletzungsgefahr entsprechend gering ist, den Vorzug gäben. Allerdings wurden auch in San Sebastián jahrhundertelang die andernorts noch heute praktizierten, berühmt-berüchtigten *encierros*, die Stierläufe, veranstaltet. Nach dem Ausruf „Emen dek!" trieb man die Tiere durch die Altstadtgassen zur Plaza de la Constitución, was sowohl bei den meist stark alkoholisierten Mitläufern als auch bei einfachen Passanten häufig zu erheblichen Blessuren führte. Mit dem Ergebnis, dass beide Arten des Stierlaufs in der Stadt 1902 verboten wurden.

Sokamuturra, ***die unblutige und auch weniger gefährliche Variante des Stierkampfs***

DER ERSTE TORERO WAR EIN BASKE

Wesentlich länger gehalten hat sich jene Art des Stierkampfs, die mittlerweile Traditionalisten und Tierschützer rund um den Globus entzweit. Erste Aufzeichnungen über die Existenz von *la lidia*, wie der klassische Stierkampf auch noch genannt wird, finden sich in San Sebastián bereits im Jahr 1587. Die Entstehung des Stierkampfs, wie man ihn heute kennt, und die Geburt der Berufssparte des Toreros siedeln Kenner der Materie, etwa der spanische Philosoph und Gelehrte Ortega y Gasset, selbst leidenschaftlicher Matador, zwischen 1728 und 1732 an. Ortega y Gasset gehörte ebenfalls zu den engagierten Vertretern jener These, die besagt, dass die *corrida de toros* keineswegs eine andalusische, sondern eine baskische Erfindung sei.

UNGEBETENE GÄSTE AUF DEM BALKON

Nach ihrem Umzug von der Plaza Vieja fanden die Kämpfe von 1813 an auf der Plaza Nueva statt, die heute den Namen Plaza de la Constitución trägt – oder „la Consti", wie die Einheimischen sagen. Erkennen lässt sich dies an den immer noch vorhandenen Nummerierungen auf den *toreros* genannten Balkonen. Laut einer ziemlich unbeliebten Verordnung gehörten diese für die Dauer der *corridas* übrigens nicht den Bewohnern, sondern der Gemeinde, die sie an zahlendes Publikum vermietete, sehr zum Unmut der eigentlichen Eigentümer.

Dieses Problem war mit der Einweihung der ersten richtigen Stierkampfarena, der Plaza de toros San Martín, im Jahre 1851 gelöst. Ihr sollten noch elf weitere folgen, darunter am bedeutendsten vielleicht die 1948 im Stadtviertel Gros erbaute Plaza de toros del Chofre, die 1974 einem Immobilienprojekt weichen musste. Danach besaß San Sebastián ein

Beste Logenplätze im Kolonialstil: Die Nummern an den Hausfassaden auf der **Plaza de la Constitución** *verweisen bis heute darauf, dass auf dem zentralen Platz in der Altstadt einst Stierkämpfe stattfanden und die umliegenden Balkone an betuchte Zuschauer vermietet wurden; in der Illumbe-Arena am Stadtrand hingegen werden heute überwiegend unblutige Konzerte und Basketballspiele veranstaltet.*

Vierteljahrhundert lang keine eigene Arena mehr, bis im August 1998 mit der Plaza de toros de Illumbe die womöglich letzte ihrer Art in der Hauptstadt der Provinz Guipúzcoa eingeweiht wurde.

FÜR DIE BASKEN ZU SPANISCH?

In seiner über 300 Jahre währenden Geschichte delektierte sich so manch illustrer Besucher San Sebastiáns an dem blutigen Spektakel, von Königin Isabel II hin zum bei dieser Art Ereignis unvermeidlichen Ernest Hemingway. Doch in neuerer Zeit ließ das öffentliche Interesse an dem archaischen Ritual zwischen Mann und Stier immer mehr nach. Offiziell waren es ökonomische Gründe, die die seinerzeit stark baskisch-nationalistisch gesinnte Stadtregierung veranlassten, Stierkämpfe nach der Saison 2012 zu verbieten. Allerdings wird gemunkelt, den eingefleischten Basken, die sich als die wahren Erfinder des Stierkampfs betrachten, sei dieser schlichtweg zu spanisch geworden – und somit nicht länger zu dulden. Allein, die Nationalisten und ihr Verbot währten nicht lange. Seit 2015 heißt es während der Semana Grande im August auf der Plaza de toros de Illumbe wieder: Olé! Bei den heftigen Proteststürmen, die den einst so verehrten Matadoren entgegen wehen, fragt sich jedoch, wie lange noch.

CORRIDA

„Dennoch konnte man sich in San Sebastián, wenn man sich irgendeinen Platz in erreichbarer Nähe der barrera *kaufte, sicher sein, einen Hundert-Peseten-Platz einnehmen zu können, wenn die Bürger, die sich moralisch verpflichtet fühlten, nach dem ersten Stier die Arena zu verlassen, aufstanden, um sich wohlgenährt, hochvornehm, porzellanern, strandgebräunt, flanellern, panamabehütet, sportbeschuht zu entfernen. Ich habe sie häufig weggehen sehen, wenn die Frauen, die mit ihnen waren, gern geblieben wären. Sie konnten zwar zum Stierkampf gehen, aber sie mussten sich im Casino treffen, nachdem sie gesehen hatten, wie der erste Stier getötet war. Falls sie nicht aufbrachen und es ihnen gefiel, stimmte etwas bei ihnen nicht. Vielleicht waren sie schwul. Es stimmte immer bei ihnen. Sie gingen immer weg. Das war so, bis die Stierkämpfe gesellschaftsfähig wurden. Im Jahre 1931 habe ich nicht einen einzigen in Reichweite hinausgehen sehen, und es sieht jetzt so aus, als ob die guten Tage der freien* barreras *in San Sebastián vorbei sind."*

ERNEST HEMINGWAY, 1932

MARI
BATU NAYAZ EMAN
GOITALCHATUAZ
AGA ZOÑUAZ....

Friese an baskischem Herd

INSEL-BESETZER

Seit einem Vierteljahrhundert an der Concha: **Hans Harms,** *Reiseleiter, Stadtführer und im Winter Trüffelhändler.*

Als Student entdeckte er Spanien, als Soziologe brachte ihn zunächst ein Stipendium und dann ein dreijähriges Forschungsprojekt ins Baskenland – inzwischen lebt Hans Harms, 1951 im friesischen Jever geboren und mit einer Flamenco-Tänzerin aus Andalusien verheiratet, seit mehr als 25 Jahren in San Sebastián. Das Klima, die Lebensart der Basken, der freundliche Umgang miteinander – lauter Pluspunkte, die es dem Deutschen leicht machen, sich in Donostia heimisch zu fühlen.

Wie schafft man es als Ausländer, Mitglied in einem *txoko*, einem der typischen baskischen Männerkochclubs, zu werden?

Indem man jemanden kennt, der bereits Mitglied ist. Dann wird man im günstigsten Fall vorgeschlagen, kommt auf eine Warteliste und geduldet sich, bis ein Platz frei wird. Unser txoko *ist auf maximal 120 Mitglieder angelegt, und zu Lebzeiten tritt so gut wie niemand aus einem Kochclub aus. Es sei denn, er wird rausgeschmissen, weil er gegen die Statuten verstoßen hat. Aber das kommt nur sehr selten vor.*

Von der Mentalität her – was unterscheidet den Anwohner der Nordsee von dem des Atlantiks?

Eigentlich sind sie sich recht ähnlich. Den Friesen wie den Basken wird zwar nachgesagt, sie seien besonders stur und verschlossen, aber das stimmt gar nicht. Im Unterschied zu Deutschland jedoch herrschen unter den Menschen in Donostia eine Menge Vertrauen, gegenseitiger Respekt und große Hilfsbereitschaft. Ohne dieses Vertrauen könnte beispielsweise das Prinzip der pintxo-*Kneipen überhaupt nicht funktionieren. Wo jeder sich selbst an den frei hingestellten Köstlichkeiten bedienen darf und überdies meistens sehr großer Andrang herrscht, muss der Wirt sich einfach auf die Ehrlichkeit seiner Kunden verlassen können. Andernfalls bricht das System zusammen, was sehr schade wäre, aber sowieso nicht zu befürchten ist.*

Einmal im Jahr wird Santa Clara von ein paar Witzbolden „besetzt"

In welche Lokale kehrst du denn am liebsten ein?

Wenn ich richtig gute pintxos *in der Altstadt essen will, gehe ich in die Bar Sport, zu Karrika, Lete oder zu Menduur. Bin ich bereit, etwas mehr auszugeben, ist das Restaurant Urola, ebenfalls im Herzen der Altstadt, vor allem wegen der Frische und der gepflegten Zubereitung der Produkte eine gute Adresse. Sehr zu empfehlen ist auch das Kata4 neben dem Hotel Maria Cristina - fein und pfiffig. Austern gibt's auch.*

Deine ganz persönlichen touristischen Highlights der Stadt?

Mit Reisegruppen wandere ich regelmäßig auf den Monte Igueldo; von dort genießt man die Postkartenaussicht schlechthin. Wegen seines Museums der Stadtgeschichte und des englischen Friedhofs lohnt sich aber auch der Aufstieg zum Monte Urgull. Und ein Geheimtipp: eine Wanderung zwischen Donostia und dem Nachbarort Pasajes auf einem Stück des Pilgerpfads, der zum Jakobsweg gehört. Wie übrigens auch die Strecke an der Concha entlang, wo man immer häufiger Wanderern unterwegs nach Santiago de Compostela begegnet.

KONTAKT FÜR FÜHRUNGEN:
drhansharms51@gmail.com

Die Insel, die manchmal gar keine Insel ist

Auf ***Santa Clara*** *leben heute keine Menschen mehr, aber eine endemische Eidechsenart fühlt sich dort dauerhaft wohl.*

Mitten in der Concha-Bucht, überaus fotogen zwischen die Berge Igueldo und Urgull drapiert, liegt eine ziemlich mächtige Felskuppe: die Insel Santa Clara. Ein ausgesprochen attraktiver Blickfang für alle, die über den Stadtstrand spazieren oder, eine Etage höher, den Paseo de la Concha entlangflanieren. Doch was hat es im Detail mit diesem von Sträuchern und Bäumen bewachsenen Gesteinsbrocken auf sich? Wohnt dort jemand? Was gibt es da zu sehen? Wie kommt man hin?

Nun, das einzige Lebewesen, das permanent auf dem bis zu 40 Meter hohen und knapp einen halben Quadratkilometer großen Eiland geduldet wird, heißt mit lateinischem Namen *podarcis hispanica sebastiani*. Eine Eidechsenart, die nur hier und auf dem benachbarten Monte Urgull, der in alter Zeit ebenfalls vom Festland abgeschnitten war und erst durch Erdaufschüttungen von Menschenhand mit der Stadt verbunden wurde, zu finden ist.

Friedhof für Ketzer und andere Exkommunizierte

Im Lauf der Jahrhunderte musste sich das scheue endemische Tierchen seinen knapp bemessenen Lebensraum allerdings häufig mit Fremden teilen. Ab 1597 beispielsweise, als in der Stadt die Pest wütete, verbannte man die Kranken aus Angst vor Ansteckung auf die Insel. Auf deren Friedhof wurden damals zudem Ketzer, Selbstmörder und alle anderen Exkommunizierten begraben, denen keine kirchliche Beisetzung zustand. Sogar ein kleines Gefängnis mit einer einzigen Zelle gab es, wie ein britischer Reisender in einem 1700 in London veröffentlichten Buch berichtete. Sowie einen asketischen Franziskanermönch, der in einer Höhle hauste. Gelegentlich, erzählt die Legende, ging der Einsiedler an Land, um bei Arbeiten im Fischerhafen zu helfen und zu betteln. Aber die meiste Zeit war er angeblich betrunken.

Im Frühjahr und Herbst ist <u>die Insel</u> gelegentlich auch per pedes zu erreichen. Ansonsten lässt sie sich schwimmend oder auf Kaperfahrt erobern.

Als zeitweilige Inselbewohner sind ferner die Nonnen des Klarissenordens zu erwähnen, die 1625 auf dem höchsten Punkt der Insel eine kleine Kapelle errichten ließen und dem winzigen Erdflecken bereits 1489 zu seinem Namen verholfen hatten. Die nach der heiligen Klara von Assisi benannten Klosterschwestern blieben bis ins frühe 19. Jahrhundert; von ihrer Wallfahrtsstätte und einem ehemaligen Waschbrunnen sind heute nur noch wenige Mauerreste zu sehen.

Seit 1864 weist ein Leuchtturm den Weg

Diese Ruinen, ein paar kurze, nicht allzu anspruchsvolle Wanderwege und eine Imbissbude mit Sonnenterrasse können Inselgäste entdecken, die sich mit dem Boot vom Hafen aus übersetzen lassen. Das Transportschiffchen tuckert vom 1. Juni bis zum 30. September stündlich hin und her. In der übrigen Jahreszeit können sportlich ambitionierte Typen durch die bis zu neun Meter tiefe Bucht hinüberschwimmen. An einigen wenigen Tagen im Jahr, jeweils im März und Mitte September, wenn die Mondkonstellation bei Ebbe für ein besonders starkes Absinken des Wasserspiegels sorgt, besteht mit etwas Glück sogar die Möglichkeit, vom Ondarreta-Strand aus zu Fuß zur Insel zu marschieren. Dann liegen Sand, Steine und Felsen auf dem Meeresgrund so frei, dass die windumtoste Isla Santa Clara für ein paar Stunden gar keine richtige Insel mehr ist, sondern ans Festland anzudocken scheint. Ohne Zweifel: ein sehens- und erlebenswertes Spektakel!

Und nachts? Dann fällt das einzige gemauerte Inselgebäude mit seinem Leuchtturm ganz besonders auf. Zuverlässig seit seiner Inbetriebnahme am 15. September 1864 sendet das Drehlinsensystem seine Lichtsignale aus, um den Schiffen den Weg zu weisen und den Kapitänen die Navigation und das Umfahren gefährlicher Stellen im Gewässer zu erleichtern. Wie jeder Leuchtturm auf unserem Plane-

ten hat übrigens auch der *faro* auf der Santa Clara-Insel seine individuelle, weltweit einzigartige Umdrehungszeit und Blinkart und kann mit keinem anderen verwechselt werden. Kein Wunder eigentlich in einer Bucht und in einer Stadt, die sich ohnehin durch Einmaligkeit auszeichnen.

Baskisch oder friesisch?

Einmal im Jahr, jeweils am 28. Dezember, dem Tag der *Santos Inocentes*, der unschuldigen Heiligen, der mit dem 1. April nördlich der Pyrenäen zu vergleichen ist, wird die Isla Santa Clara für ein paar Stunden in Baskooge umgetauft und zu friesischem Hoheitsgebiet erklärt. Diesen historisch nicht ganz unbegründeten Scherz erlaubt sich, zusammen mit ein paar einheimischen Freunden, der aus dem norddeutschen Jever stammende Sozialwissenschaftler Hans Harms, der seit mehr als einem Vierteljahrhundert in Donostia lebt. Seine einleuchtende Erklärung: „Zur Hansezeit bestanden enge Beziehungen zwischen baskischen und friesischen Händlern, von denen viele in San Sebastián ihren Geschäftssitz hatten. Folglich müsste Baskooge eigentlich als die südlichste aller Frieseninseln in den Geschichts- und Geografiebüchern geführt werden."

SANTA CLARA

„Der erste Eindruck ist wunderbar, der zweite unterhaltsam. Ein alter Leuchtturm auf der Anhöhe zur Linken. Eine Insel in der Bucht unterhalb dieses Leuchtturms. Die Ruinen eines Klosters.“

VICTOR HUGO, 1843

Zuckerhütchen

Sieht ein bisschen so aus wie in Rio, ist es aber nicht: Auf dem geschichtsträchtigen Monte Urgull wacht ein monumentaler Heiland über die Stadt.

Es kann passieren, dass man sich plötzlich an der Copacabana wähnt. Logisch, denn über der Concha-Bucht, auf dem Gipfel des Monte Urgull, thront eine gigantische Christus-Statue, die nicht nur aufgrund ihrer Größe an das berühmte Wahrzeichen der brasilianischen Metropole erinnert – das in Wirklichkeit gar nicht auf dem Zuckerhut, sondern auf dem benachbarten Berg Corcovado steht. Seit 1950 wacht die von dem madrilenischen Bildhauer Federico Coullaut-Valera (1912-1989) geschaffene, 12,50 Meter hohe Skulptur namens Monumento al Sagrado Corazón *mit segnender Hand über San Sebastián.*

Seine herausragende Position verdankt der Heiland übrigens dem damaligen Bischof. Als die Gemeinde diesen darum bat, eine Stelle für das Monument auszusuchen, entschied der Gottesdiener sich ganz unbescheiden für den dominantesten Platz in der ganzen Stadt. Angeblich können Seeleute

die Jesus-Figur vom Meer aus noch aus einer Entfernung von vier Meilen sehen. Oder besser: ihren Rücken. Denn Christus wacht nicht über die marineros, *sondern über die Landratten. Womit er mal besser früher angefangen hätte.*

Ein heftig umkämpftes Fleckchen

Immer schon weckte die strategisch günstige Lage Donostias Begehrlichkeiten bei den Nachbarn. So hatten die Könige von Navarra allen Grund, bereits im 12. Jahrhundert erste Befestigungsanlagen auf dem Monte Urgull zu errichten. Doch weder die kontinuierliche Erweiterung des Castillo de la Mota noch die legendäre Tapferkeit der Basken, die zahlreiche feindliche Angriffe abwehrten, konnten verhindern, dass die Stadt zwischen 1265 und 1813 nicht weniger als zwölf Mal niederbrannte. Wobei man sich fragen darf, ob der bei einigen dieser Brände zum Löschen eingesetzte sidra-*Apfelwein wirklich das beste Mittel war, um Schlimmeres zu verhindern.*

Die letzte und wohl verheerendste Feuersbrunst ereignete sich am 31. August 1813. An diesem Tag versuchte eine den Spaniern zur Seite stehende Allianz aus britischen und portugiesischen Soldaten die Stadt zurückzugewinnen, die nach der Eroberung durch napoleonische Truppen im Jahre 1808 bereits zum zweiten Mal unter französischer Fremdherrschaft stand. Operation gelungen, Patient tot: Denn nach dem Ende der kriegerischen Auseinandersetzungen waren die Franzosen zwar vertrieben, doch auch mehr als die Hälfte der Einwohner hatte flüchten müssen. Die von den vermeintlichen Rettern am 31. August ausgelöste Brandkatastrophe verschonte lediglich 36 Häuser und zwei Kirchen von zuvor 600 Gebäuden. Von der gesamten Altstadt blieb eine einzige Gasse erhalten. Deren Name, Calle 31 de Agosto, erinnert noch heute an das traumatischste Ereignis der Stadtgeschichte.

Ein Ort für sportliche Romantiker

Über eine kleine Gasse hinter der Straße des 31. August sowie auf ein paar weiteren, ebenso versteckten Pfaden kann man die Überbleib-

Schuld am großen Stadtbrand? Der englische Soldatenfriedhof am Fuß der Christus-Figur führt ein ziemliches Schattendasein, nicht nur im übertragenen Sinn. Wer das Verwunschene liebt, sollte den Aufstieg zum Monte Urgull dennoch wagen.

sel der einstigen Festungsanlagen und die dazugehörige Kapelle mit der Christus-Statue erreichen. Allerdings sind die Wege zum Herrn nicht nur verschlungen, sondern vor allem äußerst steil. Der Aufstieg zum Monte Urgull ist lediglich zu Fuß möglich, auch bei kühler Witterung ausgesprochen schweißtreibend und ausschließlich durchtrainierten Geschichtsfreunden zu empfehlen. Wer ihn bewältigt, wird hingegen fürstlich belohnt. Zahlreiche Informationstafeln vermitteln anschaulich die Historie des Bollwerks, ebenso wie das kleine, feine Museum zur Stadtgeschichte in seinem Innern. Und der Ausblick, der ist einfach spek-ta-ku-lär.

Das wahre Kleinod des Monte Urgull aber liegt ein wenig abseits: der Cementerio de los Ingleses. Der erst 1924 in Anwesenheit der Königinnen María Cristina und Victoria Eugenia offiziell eingeweihte Friedhof beherbergt die Gräber englischer, in den carlistischen Befreiungskriegen gefallener Offiziere sowie ein Monument, das an das britische Engagement bei der Befreiung San Sebastiáns von den napoleonischen Truppen im Jahr 1813 erinnert.

Leider ist der Gottesacker von sichtbarem Verfall geprägt. Geborstene Grabsteine, fehlende Häupter und Extremitäten der auf dem Denkmal verewigten Heroen, verwitterte Inschriften und eine allmählich alles überwuchernde Vegetation verleihen dem in der Regel spärlich besuchten cementerio eine verwunschene Atmosphäre, wie man sie in dieser quirligen, vor Lebensfreude schier übersprudelnden Stadt nie vermuten würde. Böse Zungen behaupten, die donostiarras würden den Friedhof der Engländer bewusst verlottern lassen, weil sie ihnen klammheimlich immer noch die Hauptschuld am Brand von 1813 geben. Besucher der Gräberstätte mit einem Hang zur Schauerromantik können ihnen dafür allerdings nur dankbar sein.

Museum Casa de la Historia
Castillo de la Mota, Monte Urgull
Tel. 943 42 84 17
www.santelmomuseoa.com/exposiciones/urgull/es/

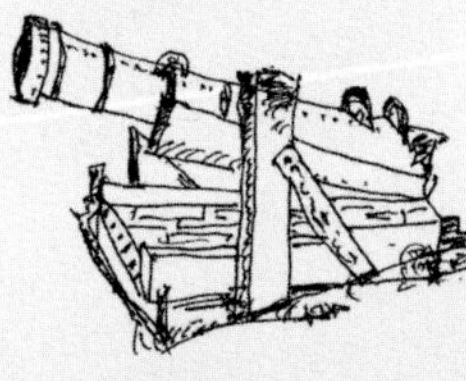

Über Rosita Wicke, so der Name dieser berühmten Kanone, verrät eine Inschrift: „Siembro la muerte y el gemido" – Ich säe Tod und Wehklagen. Etliche Spezialisten behaupten allerdings, die gewichtige Dame aus dem Jahre 1502 sei derart plump und unbeweglich gewesen, dass sie niemals abgefeuert wurde. Heute zielt sie dennoch aufs Meer – man kann schließlich nie wissen.

KEIN WAL MEHR IN SICHT!

Im beschaulichen Hafen erinnert heute nur noch wenig an die glorreichen Tage der großen Seefahrernation; stattdessen ziehen das Aquarium und das Schifffahrtsmuseum Besucher an.

Friedlich dümpeln etliche Segel- und einige Fischerbötchen im Wasser. An der erst kürzlich aufwändig herausgeputzten Mole trocknen ein paar Netze. Wer heute durch den possierlichen Hafen von Donostia flaniert, würde kaum vermuten, dass von hier einst verwegene Seefahrer ihre Reise über den Atlantik antraten. Sowie das eine oder andere

Kaperschiff. Derzeit läuft die bescheidene Küstenfischereiflotte nur noch auf der Jagd nach *bonito* (ein besonders feiner Thunfisch), *verdel* (Makrele), *anchoa* (Anchovis) und *merluza* (Seehecht) aus. Das war einmal anders …

Etwa zur selben Zeit, als König Sancho der Weise von Navarra San Sebastián 1180 die Stadtrechte verlieh, um seinem Reich einen Seehandelsweg zu eröffnen, nahm auch der hiesige Fischfang seine Anfänge. Zunächst blieben die Fischer lieber in Küstennähe, wo ihnen reichlich Brassen, Thunfische, Meeraale und Sardinen in die Netze gingen. Um den *pescadores* ihre meist nächtliche Arbeit in den tückischen Gewässern zu erleichtern, wurden die Fischgründe vor der donostiarrischen Küste großzügig mit Feuern und Laternen ausgeleuchtet. Sehr zum Unmut der durch diese Sicherheitsmaßnahmen zwangsbeglückten Fischer, die sich 1491 darüber beklagten, dass „jeder von Bermeo bis hin nach Fuenterrabía aufgrund der exzessiven Beleuchtung unsere Fanggründe kennt“.

AUF DER JAGD NACH KORSETTSTANGEN, UNTERWEGS BIS NACH NEUFUNDLAND

Kein Wunder demnach, dass man nach neuen Ufern Ausschau zu halten begann. Bereits Ende des 15. Jahrhunderts entdeckten die donostiarrischen Fischer eine attraktive Jagdbeute, die auch ohne nächtliche Festbeleuchtung auszumachen war: Wale. Harpunierte man die Meeresriesen zunächst noch vor der eigenen Küste, so führte der wirtschaftliche Aufschwung, den der

Wasser aus Holz: historische Walfang-Szene auf einer der Türen zum Aquarium

Handel mit den Walprodukten der Stadt bescherte, dazu, dass sich schon bald stattliche Fangflotten auf den Weg über den Atlantik machten. Diese gingen bevorzugt in den Gewässern der kanadischen Provinz Neufundland auf Beutezug. Woran dort heute noch ein Städtchen namens „Port aux Basques“ erinnert. Neben dem Fleisch, das man eingesalzen aß, war es vor allem das Fett der Meeressäuger, das als Leuchtmittel genutzt und zum begehrten Handelsgut wurde. Ende des 16. Jahrhunderts gesellten sich dann die Walbarten zur Produktpalette dazu. Dieses Fischbein hatte man zuvor stets weggeworfen. Doch nun stellte sich heraus, dass es sich aufgrund seiner Härte und gleichzeitigen Biegsamkeit bestens zur Herstellung von Sonnenschirmen und Korsetts eignete. Mit dem Resultat, dass 1580 nicht weniger als 100 Walfang-Galeonen auf ihrem Weg nach Terra Nova in der Concha-Bucht vor Anker lagen.

Der Katholizismus tat ein Übriges, um das Geschäft mit dem Fischfang mächtig anzukurbeln. Da die Kirche damals nicht weniger als ein Drittel des Jahres zur fleischfreien Zeit deklariert hatte, avancierte der *bacalao*, der ebenfalls vor der Küste Neufundlands gefangen wurde, zum Hauptnahrungsmittel der gläubigen Bevölkerung. Auf der Jagd nach Kabeljau und Korsettstangen ging man freilich alles andere als zimperlich vor. Besonders den *donostiarras* eilte der Ruf voraus, ausländischen Mitbewerbern gerne ihre Beute abspenstig zu machen. Wenn nötig, mit Gewalt.

DONOSTIARRISCHE KORSAREN KAPERTEN DIE SCHIFFE DER FRANZOSEN

Auf diese Weise ließ sich das anstrengende Fischen bestens umgehen. Vor allem Mitte des 16. Jahrhunderts kaperte man mit Vorliebe ganze Schiffe – natürlich erst, wenn diese sich auf

Club Náutico, Aita Mari, Aquarium und Marinemuseum: reges Hafenleben auch ohne Walfänger …

dem Rückweg von ihren Ausflügen nach Terra Nova befanden. Die Dauerfehde zwischen Spanien und Frankreich führte dazu, dass die Freibeuterei prosperierte. Ohne schlechtes Gewissen konnte man sich, da man ja miteinander im Krieg war, ganze Schiffsladungen *bacalao* stibitzen. 1537 beispielsweise tat sich die waffenstrotzende Santa María aus San Sebastián damit hervor, dass sie gleich zwei vor Kabeljau überbordende Schiffe der Franzosen kaperte.

Der Niedergang des baskischen Fischfangs setzte 1713 mit dem Frieden von Utrecht ein. Jener Vertrag, der den Basken das Fischen in den Gewässern Neufundlands fortan untersagte, brachte den *bacalao*-Fang zum Erliegen. Die Unzufriedenheit der Spanier mit den Utrechter Regelungen mündete wenige Jahre später bei Cabo Passaro in eine verheerende Seeschlacht gegen die Engländer, bei der die spanische Armada, die für das Gefecht zuvor etliche Walfangschiffe requiriert hatte, fast komplett vernichtet wurde. Spätere Versuche, die derart geschwächte Walfischerei zumindest in den heimischen Gewässern wiederzubeleben, scheiterten. Was wohl auch daran lag, dass die Wale irgendwann genug von ihren baskischen Verfolgern hatten und aus den kantabrischen Gewässern flüchteten, um sich in die Arktis und nach Spitzbergen zurückzuziehen. Die letzten, wohl nur noch verirrten Exemplare wurden Ende des 19. Jahrhunderts erlegt.

VON DER SCHMUDDELECKE ZUM MARITIMEN SCHMUCKSTÜCK

Mittlerweile hat sich der kleine *puerto* von Donostia, der noch bis vor wenigen Jahren ein eher vernachlässigtes Dasein am Rande der Altstadt führte, zur maritimen Preziose gemausert. Im gläsernen Tunnel des Aquariums lassen sich sämtliche Bewohner der atlantischen Gewässer bestaunen. Nur wenige Schritte weiter, unter den Arkaden der alten, noch heute bewohnten Fischerhäuschen, servieren etliche Restaurants dasselbe Meeresgetier auf Tellern, fangfrisch zubereitet. Was auf den ersten Blick wie eine Touristenfalle anmutet, wird auch von den Einheimischen gerne frequentiert und ist durchaus empfehlenswert – wenn auch meist recht teuer.

Das wahre Schmuckstück des Hafens aber bildet das Museo Naval. Untergebracht ist das hübsche Schifffahrtsmuseum im ehemaligen Sitz des Consulado de San Sebastián, in dem seit 1682 Kaufleute, Reeder und Kapitäne zum Zwecke der Förderung des Seehandels vereint waren. Ferner trieb das Konsulat die Gründung der Handelsgesellschaft Real Compañía Guipuzcoana de Caracas im Jahr 1728 voran, die das Monopol auf den Export von Handelsgütern nach Venezuela innehatte. Vor allem aber diktierte sie den Import von Kakao, Kaffee, Tabak und weiteren

Produkten aus der lateinamerikanischen Kolonie nach Spanien. Heute bietet das Museo Naval seinen Besuchern eine umfangreiche Bibliothek sowie regelmäßig wechselnde, liebevoll kuratierte Ausstellungen zur maritimen Vergangenheit San Sebastiáns.

Direkt neben dem Museum erinnert ein kleines Denkmal an José María Zubía Cigarán (1809-1866), besser bekannt unter dem Namen Aita Mari. Dem mutigen donostiarrischen Fischer, der unzählige Schiffbrüchige vor den Fluten bewahrte und als Retter in der Seenot in die baskische Geschichte eingegangen ist, wurde seine Hilfsbereitschaft allerdings zum Verhängnis. Nachdem es ihm während eines Unwetters am 9. Januar 1866 gelungen war, die Besatzung einer gekenterten Schaluppe aus Getaria auf seine *trainera* El Holandés zu nehmen, geriet diese ins Kippen. Aita Mari wurde von einer Welle erfasst, über Bord gespült und nie wieder gesehen. An jenem Tag verloren 37 weitere Seeleute ihr Leben.

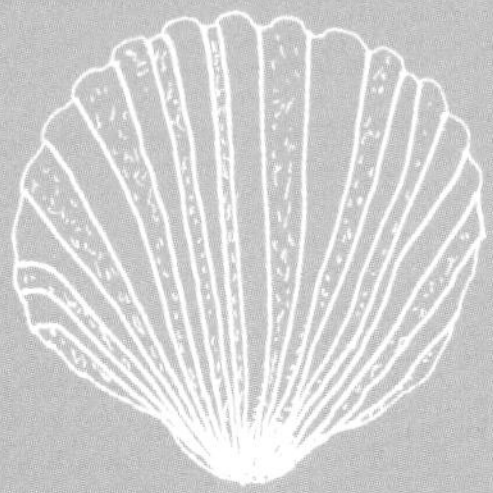

EIN VIERTEL VOLLER SCHREIHÄLSE MIT BLAUBLÜTIGEN NACHBARN

Heute geht es im kleinen Hafen weit weniger gefährlich zu – und zweifellos auch wesentlich weniger laut als früher. Der Stadtteil, der auf den Überresten der 1863 abgerissenen, an einigen Stellen nach wie vor erkennbaren Stadtmauer errichtet wurde, trägt nämlich den Namen Barrio de la Jarana, was übersetzt etwa „Krach-Viertel“ bedeutet. Diese Bezeichnung verdankt es sowohl dem Lärm und Geschrei der Fischer, die in Zeiten der einsetzenden Moderne mit ihren Dampfbooten im Hafen anlegten und den Fang entluden, als auch dem sicherlich nicht leiseren Geschnatter und Gezeter ihrer Gattinnen, die Kübel zum Einlegen von Salzfischen vorbereiteten oder Netze flickten.

KÖNIGLICHER YACHTCLUB UND ARCHITEKTUR-EMBLEM

Nur einen Steinwurf von La Jarana entfernt, erhebt sich ein vortreffliches Beispiel des damals schwer angesagten rationalistischen Architekturstils. 1929 bezog der Real Club Náutico das in jenem Jahr erbaute und noch heute als Privatclub genutzte Gebäude, das mit seiner Eleganz an eine gestrandete Luxusyacht erinnert. Nicht überliefert ist, ob dessen Gäste, häufig adligen Geblüts, die Schreihälse in ihrer unmittelbaren Nachbarschaft eher schätzten oder nicht vielmehr verfluchten.

HAFENBLICK

„Das Haus war klein; der Eingangsbereich zeigte auf die schmale und kurze, parallel zur Mole verlaufende Straße mit dem Namen del Ángel und die Balkone im ersten Stock gingen auf den Hafen. Es gefiel uns, von diesen Balkonen aus das lebhafte Treiben der Schiffe und Kähne zu beobachten.“

PÍO BAROJA, 1887

Neue baskische Wohnart

TRADITIONS-MÖBELHAUS

Mehr als Möbelhändlerin:
Oihana Arratibel Galardi,
eine unkonventionelle Verkäuferin von Lebensgefühl.

Seit noch gar nicht so langer Zeit beschreitet das donostiarrische Traditions-Möbelhaus Eseri neue Wege. Mit dem 2013 in den umgebauten alten Räumlichkeiten eröffneten Concept Store Valentina – Industrial & Vintage bietet Eseri/Valentina neben Tischen und Stühlen inzwischen auch „home accessories“ von erlesenem Geschmack und Güte an. Die junge, engagierte Chefin Oihana Arratibel Galardi leitet den Familienbetrieb in dritter Generation, wohl wissend, dass ein moderner Möbelhändler flexibel sein und sich den veränderten Lebensgewohnheiten nicht nur seiner Landsleute anpassen muss.

Was hat man sich unter dem Lifestyle junger Basken vorzustellen?

Jahrzehntelang war der Alltag der Basken, wie der eigentlich aller Spanier, eher nach außen gerichtet. Man hielt sich so selten wie möglich in den – oft beengten – eigenen vier Wänden auf. Das private wie das gesellschaftliche Leben fanden eher im Freien statt. In den Bars, Kneipen und Restaurants, hier in Donostia natürlich auch häufig am Strand und auf den verschiedenen Uferpromenaden. Doch allmählich beginnt sich ein gesteigertes Interesse an einer gewissen Wohnlichkeit im eigenen Haus zu entwickeln. Womit auch der Bedarf an entsprechenden Einrichtungsgegenständen wächst: an Möbeln natürlich, aber auch an Lampen, Stoffen, dekorativen Objekten, Mode – das alles bieten wir an.

Ein langer Weg von den Anfängen als einfacher Schreinerbetrieb ...

In der Tat. Mein Großvater begann vor über 80 Jahren in Donostia, in der Nähe des Ondarreta-Strandes, mit einem winzigen Atelier, in dem er allerlei Möbel zimmerte, um diese in einem ebenso winzigen Laden nebenan zu verkaufen. Vor etwa 30 Jahren übernahmen meine Eltern den Betrieb. Sie verlegten die Produktion in eine kleine Fabrik im Nachbarort Oiartzun und spezialisierten sich fortan auf Tische und Stühle. Daher auch der Firmenname Eseri, der auf Baskisch so viel wie „Sitzen" oder „Setz dich" bedeutet.

Und wie kam es zu Valentina?

Ich habe nach einem anderen Namen für den neuen Geschäftszweig gesucht, weil bei uns ja nun nicht mehr nur Eseri-Produkte zu finden sind und die Verkaufsfläche nach umfassender Renovierung und Vergrößerung mit der früheren Location nicht mehr viel gemein hat. Unser Angebot umfasst schließlich auch

„desired objects", wie unser Geschäftsmotto lautet, von anderen Herstellern. Etwa Möbel in hellem, luftigem nordischen Design, wie man sie beispielsweise in Holland, Dänemark oder Schweden findet. Diese Art des Wohnens, kombiniert mit allerlei gastronomischen Extras und dekorativen Elementen, kann man bei Valentina entdecken. Zu unseren Kunden zählen sogar Ausländer, auch wenn der Transport unserer Waren jenseits des Landes manchmal eine ganz eigene Herausforderung darstellt.

Modernes Wohndesign, für die meisten Spanier ziemlich neu

ESERI/VALENTINA, CALLE BERGARA 18

TEL. 943 43 32 87

VALENTINA@VALENTINASHOP.ES

WWW.VALENTINASHOP.ES

Fressen Schafe Fische?

Einst waren vierbeinige Matrosen, auch Wasserhunde genannt, nicht nur beim Einfangen flüchtiger Beute aktiv, sondern auch als Lebensretter auf den donostiarrischen Fischerbooten.

Es sind auch Kinder da. Schulklassen mit ihren Lehrern. Nach dem Ende ihres Rundgangs versammeln sie sich im Eingangsbereich des Museo Naval, des Marinemuseums von San Sebastián, und schlendern an den Vitrinen entlang. Plötzlich entfährt einem Mädchen ein entsetzter Aufschrei: „Fressen Schafe auch Fische?"

In einem der Glaskästen stehen drei kleine Figuren: gedrungene Vierbeiner mit hellem, leicht bräunlich geflecktem und wollig anmutendem Fell, die jeweils einen dicken Fisch im Maul haben. Ungläubig hält das Schulkind sich die Hand vor den Mund. In der Tat, von Meeresgetier fressenden Schafen hat man noch nie gehört!

Zum Glück wurde neben den vermeintlichen Fischessern auf einem der Schaukastenregale ein Buch postiert, das auf einer Seite mit weiterführenden Erklärungen aufgeschlagen ist. Demnach handelt es sich bei den Tonfigürchen keineswegs um Schafe, sondern um Hunde, besser gesagt: um *perros de agua*, Wasserhunde. Die gab es bis vor wenigen Jahren nicht nur in den Fischerhäfen rund ums Mittelmeer, sondern auch in Portugal und an der nordspanischen Atlantikküste. Allein die Namen der verschiedenen

Rassen verweisen auf ihre weite Verbreitung. Neben dem andalusischen und dem kantabrischen gibt es auch noch den türkischen Wasserhund, wobei letzterer eine der beiden Theorien über die angebliche Herkunft des Tieres untermauert. Ursprünglich sollen nämlich die Türken den Hund bei der Ausfuhr von Merinoschafen mitgebracht haben. Der zweiten Variante gemäß kam er in Begleitung der Mauren aus Nordafrika.

Kein Platz für alte Seefahrer-Romantik

Ältere *donostiarras* erinnern sich noch gut an die Zeiten, als es auf jedem noch so kleinen Fischerboot ihrer Heimatstadt einen agilen, robusten und gewitzten Vierbeiner gab, der sich mit demselben Recht zur Crew zählen durfte wie der Kapitän und seine Matrosen. Leider ist das mit der zunehmenden Industrialisierung der Fischerei und dem allmählichen Verschwinden der traditionellen Fangmethoden in Küstennähe heute immer seltener der Fall. Wo es nur noch um effiziente Fangquoten, optimale Fangtechniken und die profitabelsten Erträge geht, ist kein Platz mehr für Kutter- und Seefahrer-Romantik. Ganz davon abgesehen, dass die Reling auf modernen Schiffen viel zu hoch ist, als dass kleinwüchsige Vierbeiner von Bord ins Wasser springen, geschweige denn problemlos wieder hinaufgelangen könnten.

Dabei war der Aufgabenbereich dieses ebenso arbeitsfreudigen wie genügsamen Bordgenossen früher äußerst vielfältig. Als Apportierhund kam er immer dann zum Einsatz, wenn

Fische, ob bereits tot oder noch lebendig, durch die Maschen der Fangnetze geschlüpft waren oder vom Angelhaken zu entwischen drohten und schleunigst wieder eingefangen werden mussten.

Ob Brasse, Seehecht, Dorsch oder kleiner Thunfisch – bei ihrer Arbeit gingen die Wasserhunde so geschickt vor, dass nie auch nur die geringsten Abdrücke ihrer Zähne im zarten Fleisch der Beute zurückblieben.

Wasserhund, stolz inmitten der Matrosen: das aus Lekeitio stammende Fischerboot Clotilde, 1917 im Hafen von Donostia

Auch sonstige ins Wasser gefallene Gegenstände brachten die zottelhaarigen Hilfsmatrosen alsbald wieder in Sicherheit. Ebenso leisteten sie beim Auswerfen und Einholen der Netze sowie beim Vertäuen der Boote wertvolle Dienste. Und erschallte irgendwann der berüchtigte Ruf „Mann über Bord!“, so war der Schiffshund flugs als Lebensretter bei Hand. Ohne zu zögern, so wird erzählt, warf sich der gewiefte Schwimmer in die Fluten, hinderte den Verunglückten durch forsches Zupacken am Ertrinken und half dabei, ihn erneut auf feste Planken zu bringen. Bei all diesen Aktivitäten kamen dem Wasserhund nicht nur seine bemerkenswerten Paddler- und Tauchertalente zugute, sondern auch seine beinahe wie Schwimmflossen ausgeprägten Zwischenzehenhäute.

Eine Menge Respekt für den txuriko *mit den coolen Dreadlocks*

Wie viel Respekt dem Wasserhund, seiner Geschicklichkeit, Treue und Intelligenz gezollt wird, belegt nicht zuletzt die Tatsache, dass sogar baskische Sänger, die berühmten *bertsolaris*, ihm manches Lied gewidmet haben. Sein einheimischer Name *txuriko* verweist übrigens auf die Farbe seines gelockten Fells, denn die Bezeichnung stammt ab von *txuri*, dem baskischen Wort für weiß. Zwar gibt – und vor allem: gab – es auch Wasserhunde mit dunklen Haaren. Doch die meisten trugen blonde Dreadlocks, damit sie auch nachts im Wasser gut zu erkennen waren. Ertrunken sind trotzdem nicht wenige.

ANGULAS !!!
No te quedes sin ellas
para SAN SEBASTIAN!
RESERVALAS

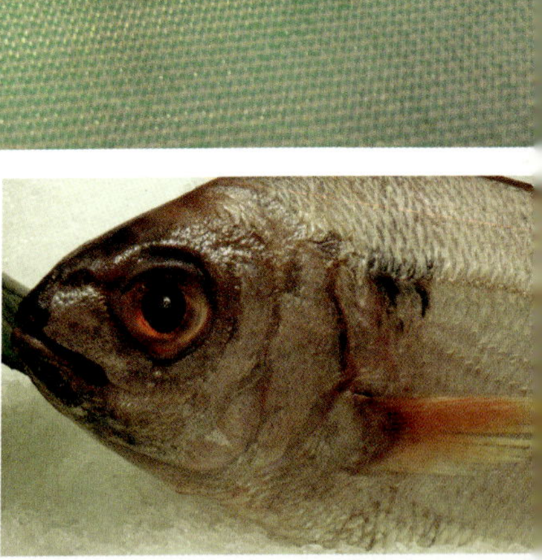

Dem Meer zugewandt. Und allem, was **der Atlantik** *so zu bieten hat.*

Tausende Trommler:
mit heiligem Ernst und einer Menge
Lokalpatriotismus bei der Sache

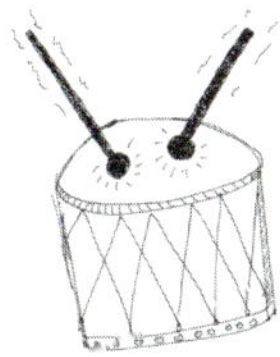

¡FIESTA TOTAL!

Die Spanier sind ein **feierfreudiges Volk;** *dem stehen die Basken in nichts nach, wie ein Blick in den Festtagskalender von Donostia verrät.*

Punkt Mitternacht beginnt das große Hopsen. Laute Glockenschläge, Musik setzt ein. Tausende, die Schulter an Schulter auf der Plaza de la Constitución, dem zentralen Platz in der Altstadt, ausgeharrt haben, hüpfen auf und ab, wie in Trance. Gleichzeitig hisst der Bürgermeister auf dem Balkon der Städtischen Bibliothek die weiß-blaue Stadtfahne. Unterhalb, auf einer weitläufigen Bühne, führen Folkloregruppen baskische Volkstänze auf – wie immer, wenn es darum geht, einem bedeutenden religiösen oder sozialen Ereignis einen feierlichen Aspekt zu verleihen.

Und dies ist die Feierlichkeit schlechthin im Veranstaltungskalender von San Sebastián! *La tamborrada*. Ein fixes Datum, das kein Einheimischer jemals verpasst:

der 20. Januar, der Tag des heiligen Sebastian, gleichzeitig Namensgeber und Schutzpatron der Stadt. Dessen lauteste Botschafter haben sich beim mitternächtlichen Start auf der „Consti", wie der emblematische Platz der Verfassung familiär genannt wird, längst in Stellung gebracht: Trommler und Köche, Wasserträgerinnen und Melkerinnen, begleitet von Soldaten in Phantasie-Uniformen, Fahnenträgern, Prassern und Kantinenwirtinnen.

„Gora Donosti!" Oder auf Kastilisch: „¡Viva San Sebastián!" – Hoch lebe San Sebastián! Die längste Nacht kann beginnen. Oder die kürzeste, je nachdem, wie man die Sache betrachtet. Jedenfalls werden in den nächsten 24 Stunden, über ganz Donostia verteilt, rund 20.000 fröhliche Zeitgenossen durch sämtliche Stadtteile ziehen, trommelnd, singend, regelmäßig anhaltend zwecks körperlicher Stärkung durch viel Speis und noch mehr Trank. Das ergibt einen Umzug von annähernd 140 Gruppen, die bis 1980 Männern vorbehalten waren, heute aber meist aus männlichen und weiblichen Mitgliedern bestehen. Wer nicht trommelt oder sonst ein Ins-

Früh übt sich: Neben den Erwachsenen machen seit 1927 auch Jugend- und Kindergruppen bei der tamborrada mit

Bagera!
Gu ere bai gu beti pozez, beti alai!

Mit dieser ausschließlich auf Baskisch gesungenen Textzeile beginnt der *Marsch von San Sebastián*, der 1861 von Raimundo Sarriegui (1838-1913) komponiert wurde. „Wir sind! Auch wir immer zufrieden, immer fröhlich!"

trument spielt, schwingt überdimensionale Messer und Hackbeile oder jongliert Riesenlöffel und -gabeln durch die Luft ... und erlebt in bester Feierlaune die, wie viele *donostiarras* behaupten, „wehmütigsten bis mystischsten Stunden des ganzen Jahres".

Hinzu kommen rund 5.000 Kinder in militärischen Gewändern, die sich seit 1927 zur vielbeachteten *tamborrada infantil* zusammenfinden. Derart ausstaffiert, genießen die Kleinen nach einhelliger Elternmeinung „den schönsten Tag ihres bisherigen Lebens". Und lernen nebenbei auch noch, was donostiarrische Identität bedeutet und was es in Donostia heißt, Zusammengehörigkeitsgefühl, Lokalpatriotismus und Verbundenheit mit der Vergangenheit der Stadt zu demonstrieren, immer wieder.

Aus einem karnevalistischen Narrenstreich entwickelte sich mit der Zeit das ohrenbetäubende Fest zu Ehren des Stadtheiligen.

Die genauen Ursprungsdaten des Rund-um-die-Uhr-Getrommels verlieren sich im Dunkel der nicht immer nur zu Festrausch Anlass gebenden Geschichte. Im Spanischen Unabhängigkeitskrieg zu Beginn des 19. Jahrhunderts wurde San Sebastián von Napoleons Truppen eingenommen und zu großen Teilen niedergebrannt. Während der Besatzungszeit gab es zwei Brunnen in der Stadt, aus denen die Frauen mit kleinen Fässern Wasser schöpften. Irgendwann, so wird vermutet, begannen die Damen rhythmisch auf ihre hölzernen Wasserbehälter zu schlagen, um die trommelnd

Alle vereint: Trommler, Koch und Tänzer, in Phantasie-Uniformen oder in folkloristischer Tracht

herumpatrouillierenden französischen Truppen zu verhöhnen.

Aus dieser spontanen Verspottung und als Ausdruck des zunehmenden Aufbegehrens gegen jede Art von Fremdherrschaft ging dann angeblich 1836 die erste organisierte *tamborrada* hervor. Ab dem Jahre 1861 lieferte der lokale Komponist Raimundo Sarriegui (1838 in Donostia geboren und 1913 ebendort gestorben) die *Marcha de San Sebastián* sowie alle anderen Melodien, die bis heute Jahr für Jahr zur Aufführung kommen. Den Text zum Stadtmarsch steuerte gut zwanzig Jahre später Serafín Baroja bei, der Vater des bekannten donostiarrischen Schriftstellers Pío Baroja – ein baskischer Text übrigens, dessen spanische Übersetzung nicht offiziell anerkannt ist und auch nie gesungen wird.

Weil sich einst viele Trommlergruppen aus den lokalen Kochclubs rekrutierten, sind etliche Musiker bis heute als Köche verkleidet. Auch manche Zuschauer des Schauspiels setzen sich hohe, weiße Mützen auf und schlagen mit einem Stöckchen auf ein dünnes, rundes Brettchen, das sie an einer Schnur vor der Brust hängen haben. Auf diese Weise vergewissern sich alle ihres gegenseitigen Gemeinschafts- und Glücksgefühls, das bestens im *Marsch von San Sebastián* zum Ausdruck kommt, einem von anscheinend nur einer Handvoll Lieder, die 24 Stunden lang wieder und wieder gespielt werden. In dieser Zeit werden übrigens auch die bedeutendsten Auszeichnungen verteilt, die die Stadt zu vergeben hat: der *Tambor de Oro* für ganz besondere Verdienste sowie allerlei bürgerliche Orden und Medaillen.

Die Ursprünge des Getrommels am 20. Januar gehen auf die napoleonische Zeit zurück, als einheimische Damen sich lautstark über die französischen Truppen lustig machten

Fisch, Wurst und Gebäck: keine Fiesta ohne die passenden kulinarischen Köstlichkeiten.

Selbstverständlich ist auch die *tamborrada*, wie beinahe jedes Fest in Donostia, mit gastronomischen Ritualen verbunden. Traditionell verspeist man am Vorabend des Trommlerumzugs Unmengen von *angulas*, winzige Jungaale, auch Glasaale genannt, die in Öl, mit roten Pfefferschoten und leicht angebratenen Knoblauchscheibchen serviert werden. Allerdings sind diese Meerestierchen im Golf von Vizcaya inzwischen so selten geworden, dass der Kilopreis nicht selten 400 Euro übersteigt und man zu alternativen Festtagsspeisen übergegangen ist.

Der roscón de reyes *gehört zum Dreikönigstag wie die Geschenke; zum Trommelfest haben Mariluz Santiago und Rosa Guisasola aus der Konditorei Barrenetxe natürlich auch das typische Gebäck im Angebot*

Zudem werden in den Konditoreien wie eh und je Gebäckteile in Fassform angeboten, mit Schokoglasur überzogen und Marzipanstiften als Trommelstöckchen.

In Donostia bieten sich natürlich noch etliche andere Gelegenheiten, bei denen Geschichtsbewusstsein, religiöses Empfinden, sinnlicher Genuss, unbändiger Spieltrieb und ästhetische Phantasie mal enger, mal lockerer zusammenfinden. So etwa beim Fest des heiligen Thomas, das alljährlich am 21. Dezember begangen wird. An Santo Tomás findet, ebenfalls auf der zu Beginn der 1800er Jahre im kolonialistischen Stil angelegten Plaza Nueva, die erst seit 1979 die Bezeichnung Plaza de la Constitución trägt, ein großer Bauernmarkt statt.

Es ist der Tag, an dem früher die *baserritarra*, die Bauersleute, aus den umliegenden Dörfern in die Stadt kamen, um den Landbesitzern ihren Zehnten abzuliefern, ihre Schulden zu bezahlen und zugleich vor Wintereinbruch ihre Produkte anzubieten. Als kulinarische Spezialität werden an Santo Tomás in Teigfladen gewickelte *txistorras* verspeist, dünne Hackfleischwürste mit Paprika, Knoblauch, Salz und Kräutern, die man brät oder auf dem Grill zubereitet. Dazu trinkt man viel – zuweilen zu viel – *sidra*, den lokalen Apfelwein.

Weniger herzhaft, dafür bunt und süß ist der *roscón de reyes*, der Dreikönigskuchen, der am 6. Januar, dem Dreikönigstag, in den Auslagen der Bäckereien und Konditoreien um die Gunst der Naschkatzen buhlt. Erst an diesem Tag, und nicht schon an Weihnachten, bringen die *reyes magos*, die Heiligen Drei Könige, den Kindern in ganz Spanien die Geschenke. Wer nicht so artig war, bekommt übrigens statt leckerem Gebäck nur süße Kohlen!

Fahrendes Volk mit Pfannen, Töpfen und Hämmern, Verkünder der Fastnacht.

Vorwiegend an die erwachsenen Basken mit ihrer ausgeprägten Vorliebe für Kostümrausch, Travestie und Tanzfieber richten sich diverse Veranstaltungen im Umfeld des närrischen Treibens zur Fastnacht. Dazu zählt Anfang Februar die *fiesta de los caldereros*, das Fest der Kupferschmiede, dessen Ursprünge bereits auf das Jahr 1884 zurückgehen und das die nahende Karnevalszeit ankündigt. Aus diesem Anlass unterhalten vermeintliche „Zigeunerstämme" das Publikum mit Musik und Tanz. Obwohl die exotisch gekleideten Troubadours angeblich aus Ungarn stammen, tragen sie hauptsächlich Kompositionen von Raimundo Sarriegui vor. Zumindest greifen sie dabei auf unkonventionelle Instrumente wie Hämmer sowie – Kulinarik verpflichtet! – Pfannen und Töpfe zurück.

Rein säkular und eher touristisch ausgerichtet ist hingegen ASTE NAGUSIA, Donostias *Semana*

Wie früher: Teigfladen, Würste und traditionelle Trachten an Santo Tomás

Grande im August. Dieses weltliche Spektakel beginnt jedes Jahr mit dem alten Brauch eines abgefeuerten Kanonenschusses und dem Anstimmen des *artillero*-Liedes. Weitere wichtige Bestandteile des Sommerfestes sind ein internationaler Feuerwerkswettbewerb, diverse Musikkonzerte, Theateraufführungen, Pferderennen und Sportveranstaltungen, bei denen die traditionellen Sportarten rund um die legendäre „force basque" im Mittelpunkt stehen. Dieses Zelebrieren einheimischer Kultur und Lebensart setzt sich im September fort mit dem EUSKAL JAIAK, dem Basken-Festival in ausgelassener Volksfest-Atmosphäre.

Zuvor aber, am 31. August, gedenkt man noch des verheerenden Brandes, der die Stadt im Jahre 1813 fast gänzlich zerstörte. Zur Erinnerung an dieses schmerzhafte Datum ziehen die *donostiarras* nach Anbruch der Dunkelheit mit Kerzen durch die Straße des 31. August, die einzige Gasse, die nach der großen Feuersbrunst vom einstigen Stadtgefüge übrig geblieben war.

Mit Fahnen und Standarten, Tressen und Kordeln: Nicht nur am Tag ihres Namenspatrons versetzt sich die Stadt in festlichen Rausch

Um ***<u>Süßes zu genießen,</u>*** *braucht es nicht immer einen speziellen Anlass.*

ulinary center

Das 2011 eröffnete Basque Culinary Center ist auch architektonisch ein Hingucker

AUS DER STERNEKÜCHE

Die Idee kam von ganz oben, aus dem Himmel der baskischen Sterneküche. Ausgetüftelt wurde sie von Juan Mari Arzak, Pedro Subijana und Martín Berasategui, den Stars der *nueva cocina vasca*. 2007 saßen die drei befreundeten Herdkünstler zusammen und überlegten, wie sie ihr Wissen und ihre Erfahrungen am besten an spätere Generationen weitervermitteln könnten – so besagt es die Legende. Tatsache ist, dass der Plan einer Ausbildungs- und Forschungsstätte mit akademischem Anspruch nicht nur Berufskollegen aus aller Welt begeisterte, sondern auch die nötigen Geldgeber überzeugte. Zum internationalen Beraterstab zählen heute Großmeister wie der Katalane Ferran Adrià, der Brite Heston Blumenthal, Yukkio Hattori aus Japan und René Redzepi aus Dänemark. Aber anfangs viel wichtiger war, dass öffentliche Institutionen wie das zuständige Ministerium in Madrid, die baskische Regierung, die Verwaltung der Provinz Guipúzcoa und Sponsoren aus der Privatwirtschaft rund 18 Millionen Euro aufbrachten, damit im

September 2011, in Anwesenheit des damaligen Kronprinzen Felipe und seiner Frau Letizia, die erste kulinarische Hochschule ihrer Art weltweit eingeweiht werden konnte. Bereits der Name der zur baskischen Privatuniversität Mondragón gehörenden Einrichtung verrät ihren länderübergreifenden Anspruch: Basque Culinary Center (BCC).

TRADITION TRIFFT TECHNOLOGIE

Schon vom Konzept her hat das BCC mit herkömmlichen Koch- und Hotelfachschulen nicht viel gemein. Seine Zielsetzung besteht darin, Lehre, Forschung und den Transfer von Wissen und Technologie in den verschiedensten Bereichen der gastronomischen Wissenschaften zu fördern. Demnach ist es auch kein Zufall, dass der Campus, auf dem traditionelle Kochkunst auf modernste Hightech-Forschung trifft, ausgerechnet auf dem Gelände des Technologie- und Business-Parks Miramón eingerichtet wurde, in einem Neubaugebiet ein paar Busminuten außerhalb des Zentrums von San Sebastián.

Von weitem erinnert das Ausbildungszentrum in der leicht hügeligen Landschaft an locker aufeinander gestapelte Riesenteller. Hufeisenförmig gruppiert sich das fünfgeschossige, mit goldfarbenen Metallblechen verkleidete Gebäude um einen stufenartig angelegten Innenhof. Dessen Grünflächen, wie auch die Gebäudedächer, werden als Kräutergärten genutzt. Und können, wie die gesamte Anlage, von kulinarisch oder auch bloß architektonisch interessierten Touristen besichtigt werden.

„Schon verrückt, dass es so etwas wie diese Schule überhaupt gibt", meint Natalia Salgado. Eigentlich wollte die 20-jährige Mexikanerin

Nie ohne Mütze: Herdkünstler in spe

Am Eingang:
das BCC-Logo als Skulptur

WIE MAN RICHTIG KARTOFFELN SCHÄLT

Jura studieren. Während einer touristischen Reise nach Salamanca hörte sie von der neu eröffneten Koch-Uni in Donostia. „Weil ich immer schon Interesse am Kochen hatte", so Natalia, beschloss sie kurzerhand, sich um einen Studienplatz zu bewerben. Mit Erfolg. Nach Abschluss ihres Studiums will sie unbedingt in Europa bleiben. „Doch statt täglich mit Kräutermessern, Holzlöffeln und Schneebesen zu hantieren, würde ich lieber im Restaurant- oder Hotel-Management tätig werden, in Frankreich oder in der Schweiz."

Für alle diese Tätigkeiten, ob direkt am Herd, an der Rezeption oder im Büro, schafft das BCC für seine Absolventen optimale Voraussetzungen. In den vier Ausbildungsjahren erlernt jeder Student nämlich nicht nur die handwerkliche Basis des Kochens, sondern durchläuft auch eine minutiöse Ausbildung in Fächern wie Informatik, Ökonomie, Gastronomie-Geschichte und -Soziologie, Physik und Chemie, Kommunikation und Marketing.

Auch Arantxa Riaza, 19 Jahre alt und aus Madrid stammend, muss

sämtliche theoretischen Prüfungen bestehen, obwohl ihr Berufswunsch ein ganz einfacher, ganz handfester ist: „Ich möchte unbedingt Köchin werden!" Folglich lernt Arantxa, wie alle ihre Kommilitonen, zunächst einmal, wie man richtig Kartoffeln schält, schneidet, kocht, brät und frittiert. Später zudem, dass man dem Restaurant-Gast das Brötchen eleganter mit Gabel und Löffel statt mit der Zange serviert, wie man psychologisch geschickt mit Angestellten und Kunden umgeht, welche Marketingstrategien sich an den verschiedenen gastronomischen Wirkungsstätten am besten eignen. „In Zeiten weltweiter Ernährungs- und Umweltprobleme tragen gerade die Spitzenköche von morgen, die heute bei uns ausgebildet werden, eine große gesellschaftliche Verantwortung", erläutert José Luis Galiana, der PR-Verantwortliche des

Hinauf zu den kulinarischen Sternen?

Hauses. Auch dieses Wissen und Bewusstsein wird den BCC-Studenten über Fächer wie Produktkunde, Arbeits-, Lebensmittel- und Umweltrecht vermittelt.

RESERVIERUNG ERFORDERLICH

Um den äußerst vielfältigen Aufgaben gerecht werden zu können, stehen im BCC auf 15.000 Quadratmetern hochmoderne Vorlesungssäle und Konferenzräume, bestens eingerichtete Werkstätten und La-

Ein Gebäude wie ein Stapel Teller

bors, eine gut bestückte Bibliothek und sogar ein Foto- und Videostudio zur Verfügung. Die 200 Sitzplätze im Auditorium freilich reichen nie aus, wenn Arzak und Co., die Initiatoren und Unterstützer der baskischen Koch-Uni, ihre Vorlesungen abhalten. Genauso wenig wie das Dutzend Tische im zur Uni gehörenden Restaurant, in dem die Studenten zahlenden Gästen in der Praxis vorführen, was sie in ihren Workshops und Seminaren gelernt haben. Wer hier einen Platz ergattern und Sterneküche zu zivilen Preisen entdecken will, muss sich beizeiten um eine Reservierung kümmern. Und wer sich als enthusiastischer Hob-

bykoch noch tiefer in die Materie einarbeiten möchte, dem bietet der „BCulinary Club" ganzjährig Vorträge, Gesprächsrunden und Kochkurse für interessierte Laien. Selbst 14- bis 17-Jährige können im Rahmen des sommerlichen Gastronomie-Camps unter fachmännischer Anleitung Gemüse schnippeln und in Pfannen rühren.

ALS PRAKTIKANTEN IN DER GANZEN WELT UNTERWEGS

Im Oktober 2011 nahmen die ersten knapp 60 Studenten aus aller Welt ihr Studium auf. Die wichtigsten Voraussetzungen: Wer sich am BCC aus- und weiterbilden lassen will, muss das Abiturzeugnis in der Tasche haben, Spanisch und Englisch sprechen sowie hochmotiviert und ausgesprochen diszipliniert sein. Rund 8.700 Euro kostet das Studium an jährlichen Gebühren; wer diese stattliche Summe nicht aufzubringen vermag, kann sich um eines der zahlreichen Stipendien bewerben.

Im Frühjahr 2015 machte der Pionierjahrgang seinen Abschluss. Rund 50 Studenten hatten durchgehalten und wurden mit einem Diplom im Fach „Gastronomie und kulinarische Künste" in die weite Welt der Teller, Töpfe und Herde entlassen. Dort kannten sie sich bereits bestens aus, denn schon während ihres Studiums hatten sie als Praktikanten in den angesehensten Häusern weltweit Erfahrungen gesammelt. Dank der exzellenten Kontakte, die das BCC zu den wichtigsten Köchen auf allen fünf Kontinenten pflegt, dank des Renommees und Engagements seiner namhaften Schirmherren können die Studenten sicher sein, dass ihnen nach Erhalt ihres Diploms keine Arbeitslosigkeit droht. „Wer vom BCC kommt, findet mit hundertprozentiger Sicherheit sofort eine Anstellung", weiß José Luis Galiana aus Erfahrung. Ganz gleich, ob als Avantgarde-Koch, als Ernährungswissenschaftler, als Restaurantbesitzer oder später einmal als Universitätslehrer, „mit einer BCC-Urkunde in der Tasche wird man überall mit Kusshand aufgenommen".

BASQUE CULINARY CENTER
PASEO JUAN AVELINO BARRIOLA
TEL. 943 57 45 00
INFO@BCULINARY.COM
WWW.BCULINARY.COM

SOMMERFRISCHE

„Selbst an einem heißen Tag bewahrt San Sebastián immer etwas Taufrisches. Die Bäume machen den Eindruck, als ob ihre Blätter nie ganz trocken sind. Die Straßen machen den Eindruck, als ob sie gerade gesprengt worden wären. Selbst an den heißesten Tagen ist es auf manchen Straßen kühl und schattig."

ERNEST HEMINGWAY, 1926

Der Bikini-Mann

FARBENFROHE STRANDMODE

Von Modellen umzingelt:
Joseba Lizarralde Marín,
der Herr
der modischen Zweiteiler.

Regen ist in Donostia nicht gerade selten. Sogar in der sommerlichen Hochsaison kann es zu bedecktem Himmel und heftigen Niederschlägen kommen. Dennoch eröffnete Joseba Lizarralde Marín 2004 ausgerechnet an der oft als wetterunbeständig verschrienen Atlantikküste ein Geschäft mit Strandmode. Im Angebot außer ein paar einsamen Badeanzügen: ausschließlich Bikinis! Der Laden Goiuri unterscheidet sich allerdings auch noch in anderer Hinsicht von herkömmlichen Geschäften für Badebekleidung.

Was ist das Spezielle an Goiuri?

Wir verkaufen, wie gesagt, fast nur Bikinis. Modelle nach unseren eigenen Entwürfen und solche der Firma Seafolly aus Australien, wobei der australische und unser nordatlantischer Stil der bunten Zweiteiler sich sehr ähnlich sind – erstaunlich, nicht wahr? Das Einmalige an unserem Bikini-Konzept ist jedoch, dass Ober- und Unterteil sämtlicher Modelle sich bei uns unbegrenzt miteinander kombinieren lassen. So können auch die Größen der jeweiligen Teile den Körpermaßen der Käuferinnen ganz genau angepasst werden. Bei den meisten

Marken ist das nicht möglich, was dann zu unzufriedenen Kundinnen führt.

Woher stammt überhaupt der Name des Ladens?

Goiuri heißt mein Geburtsort, ein kleiner Ort in der baskischen Provinz Vizcaya, dessen Name übersetzt „oberes Dorf" bedeutet. Schon der Laden meiner Großmutter, die vor dem Krieg Kindermädchen in den Häusern der besseren Gesellschaft einkleidete, trug diese Bezeichnung. Meine Familie ist demnach mittlerweile in der dritten Generation in der Bekleidungsbranche tätig. Wobei ich der Erste bin, der das Risiko eingegangen ist, einzig und allein Bikinis herzustellen und zu verkaufen, was im so regenreichen Baskenland schon ein gewisses Wagnis bedeutete.

Apropos Regen: Womit beschäftigt sich ein Bikini-Händler außerhalb der Hochsaison, die ja meistens nur von Ende Juni bis höchstens Anfang September dauert?

Da meine Mitarbeiter und ich unsere Modelle und die Motive selbst entwerfen, ein eigenes kleines Fotostudio betreiben und die Stoffe selbst bedrucken, brauchen wir uns auch in den übrigen Monaten über mangelnde Arbeit nicht zu beklagen. Klar, im Winter werden weniger Bikinis ver- und gekauft. Aber da San Sebastián eine sehr modebewusste und sportbegeisterte Stadt ist, legen die Frauen aus Donostia auch großen Wert auf die Badesachen, die sie nicht im Freien, sondern beispielsweise in der Schwimmhalle oder während einer Kur im Wellness-Bad La Perla tragen.

Überdies kann man auch über Internet bestellen ...

Ja, natürlich gilt es ebenfalls, unsere Internetseite, übrigens die erste

Donostias Strände:
ideale Bühnen für Bademode

ihrer Art in ganz Spanien, zu verwalten. Obwohl ich zugeben muss, dass die Zahl der Bikinis, die online verkauft werden, noch ziemlich klein ist. Schließlich kommt es gerade bei diesem Kleidungsstück auf den richtigen Sitz, die idealen Maße, den größtmöglichen Tragekomfort an. Alles Dinge, die sich selbst durch noch so perfekte Fotos im Internet nicht garantieren lassen. Doch wir arbeiten daran. Und in naher Zukunft wird sich auch an dieser Situation sicherlich noch einiges verbessern.

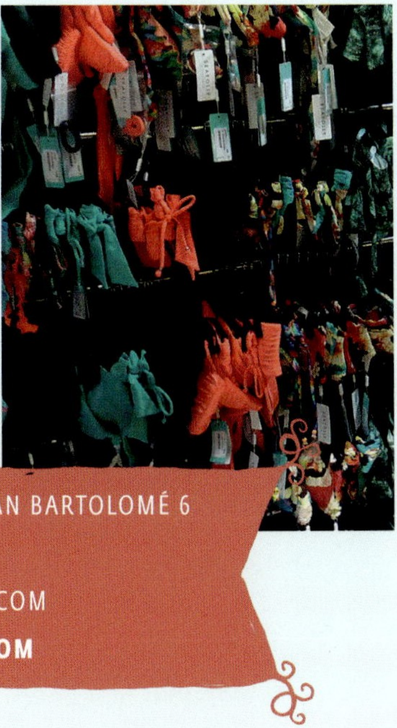

GOIURI, CALLE SAN BARTOLOMÉ 6

TEL. 943 42 28 71

GOIURI@GOIURI.COM

WWW.GOIURI.COM

FRISEUR DER WINDE

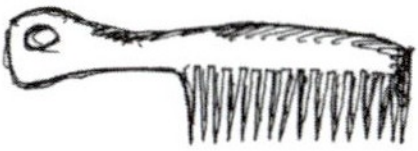

Wer San Sebastián besucht, begegnet auf Schritt und Tritt einem der berühmtesten Söhne der Stadt: **Eduardo Chillida.** *Nun ja, natürlich nicht ihm persönlich, sondern dem Werk des Malers und Bildhauers, der die* donostiarras *nicht nur mit seiner Kunst erfreut, sondern sich in jungen Jahren auch als Torhüter von Real Sociedad hervortat.*

Es war eine böse Knieverletzung, die der hoffnungsvollen Zukunft des 1925 in Donostia geborenen Eduardo Chillida als Fußballprofi ein Ende setzte und ihn in eine andere berufliche Laufbahn zwang. Ein trauriges Ereignis für die *aficionados* von Real Sociedad, aber ein großes Glück für die Kunstwelt. Denn nachdem er kurz und mit nicht allzu großem Interesse in ein Architekturstudium hineingeschnuppert hatte, wandte Chillida sich der bildenden Kunst zu.

Eine Entscheidung, die in ein beeindruckendes und umfangreiches Werk mündete. Heute ist dieses rund um den Globus präsent, wobei eine Skulptur namens *Berlin*, die seit 2000 vor dem Bundeskanzleramt in der deutschen Hauptstadt steht, zu den durch Medienbil-

Der Stahlkoloss von Jorge Oteiza am Paseo Nuevo

Eigentlich ist Chillidas Skulptur keine Aussichtsplattform

der bekanntesten zählen dürfte. Die schönste aber ist freilich eine andere, zumindest, wenn man die *donostiarras* fragt. Doch nicht nur in den Augen der Einheimischen ist *El Peine del Viento* eine der herausragendsten Arbeiten des Meisters.

Der „Windkamm", das bekannteste Wahrzeichen der Stadt

Seit 1977 prangt dieses Geschenk Chillidas an seine Heimatstadt am äußersten Westzipfel von San Sebastián, noch hinter dem Ondarreta-Strand ganz am Ende der Bucht. Dort, wo schroffe Felsen für alle Träume von einer urbanen Ausdehnung ein unüberwindliches Hindernis darstellen und wo die Wellen des Golfs von Vizcaya besonders heftig schlagen. An diesem wilden, unwirtlichen Ort trotzt der „Windkamm" den Gezeiten und ist zu einem der emblematischsten Wahrzeichen Donostias avanciert.

Entstanden ist der *Peine del Viento* aus der äußerst fruchtbaren Zusammenarbeit Chillidas mit dem donostiarrischen Architekten Luis Peña Ganchegui. Ganchegui integrierte Plattformen, Stufen und Freiflächen in die Felsformation, an deren Ausläufern drei mehr als zehn Tonnen schwere Skulpturen aus oxidiertem Eisen thronen. Chillidas Idee hinter diesem tatsächlich an einen – wenn

auch etwas grobzinkigen – Kamm erinnernden Monument war es, den Nordwestwind wortwörtlich zu „kämmen". Herausgekommen ist ein selten harmonisches Zusammenspiel von Natur und Menschgemachtem, das die *donostiarras* nicht zu Unrecht gern als den magischsten Ort ihrer Stadt bezeichnen.

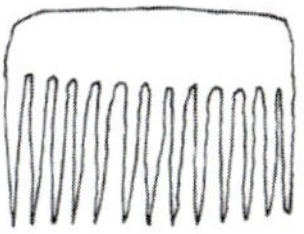

Wer sich dieser Magie hingeben möchte, sollte allerdings auf der Hut sein. Einerseits schlagen die Wellen gerne über die Begrenzungsmauern hinweg. Andererseits droht ein ungewolltes Bad auch von unten. Einige der Pflastersteine, mit denen die Plattform vor dem Kamm gestaltet wurde, haben Löcher, durch welche die Gischt je nach Seegang ihren Weg zu unachtsamen Touristen findet. Kinder hingegen haben ihre helle Freude an dem feuchten Vergnügen.

Vom Graben an die Muschelbucht

Der *Peine del Viento* ist beileibe nicht der einzige Original-Chillida, auf den man bei einem Spaziergang über die Promenaden der Stadtstrände stößt. Oberhalb der Concha erinnert ein weiteres Monument an den berühmten Künstler. *Monumento a Fleming* heißt die Skulptur, die auf Terrassen, die vom ebenfalls mit Chillida befreundeten Architekten Joaquín Montero gestaltet wurden, über die Muschelbucht zu wachen scheint. Das Kunstwerk, das der verhinderte Fußballstar 1955 zu Ehren von ihm bewunderter Künstler und Wissenschaftler schuf, darunter der französische Maler Georges Braque, der italienische Mathematiker Luca Pacioli und eben Alexander Fleming, Bakteriologe und Entdecker des Penizillin, führte nicht immer ein derart ruhmreiches Dasein an exponiertem Ort. Ursprünglich vorgesehen für die Gärten von Ategorrieta, stand es schon auf dem Monte Urgull sowie in den Außenbereichen eines Krankenhauses, bevor es eine Weile als verschollen galt und schließlich in einem Straßengraben im Viertel Martutene wieder auftauchte. Erst seit 1991 steht die *Homenaje a Fleming* würdevoll an der heutigen Stelle.

Hommage an Fleming, ein kleineres Werk direkt am Paseo de la Concha

„Die Umarmung" auf der Landzunge vor dem Miramar-Palast: eine Geste der Versöhnung?

Nur einen Steinwurf von hier entfernt gibt es seit 1992 ein weiteres Kunstwerk zu entdecken. Auf dem Pico del Loro, dem „Papageienschnabel", einer zum Palacio Miramar gehörenden und die beiden Strände Ondarreta und Concha trennenden Landzunge, prangt die kleine, nur knapp einen Meter Höhe messende Skulptur mit dem Namen *El Abrazo. Besarkada*, so der baskische Originaltitel, der auf Deutsch „Umarmung" bedeutet, war ursprünglich dem donostiarrischen Maler und Freund Chillidas, Rafael Ruiz Balerdi, gewidmet. Heute wird die Skulptur gern nostalgisch verklärt, schien sie doch die erst 1997 erfolgte Versöhnung Chillidas mit seinem langjährigen künstlerischen Widersacher, dem baskischen Maler

Das Hotel Niza, seit Ende der 1960er Jahre im Besitz der Familie Chillida

und Bildhauer Jorge Oteiza, vorwegzunehmen, die ebenfalls mit einer Umarmung besiegelt wurde.

Auf ewig vereint an der Concha

Im Nachhinein betrachtet, taten die Streithähne wohl auch gut daran, ihren Zwist beizulegen. Schließlich sind heute beide, ob freiwillig oder nicht, untrennbar miteinander an der Muschelbucht verbunden. Wo am westlichen Rand Chillidas *Peine* den Wind kämmt, befindet sich im äußersten Osten am Paseo Nuevo ein Monument, dessen Urheberschaft

Unkundige gern ebenfalls dem Ex-Fußballer zuschreiben. In Wirklichkeit handelt es sich dabei jedoch um eine Arbeit von Jorge Oteiza. Als 2002, in Chillidas Todesjahr und ein Jahr vor dem Ableben Oteizas, der stählerne Koloss mit dem Titel *Construcción vacía* errichtet wurde, der den Blick aufs Meer wie eine Art Panoramafenster eröffnet, schloss sich eine lange und schmerzliche Lücke in der Skulpturenlandschaft San Sebastiáns.

Oteiza, der Donostia mindestens ebenso lange in Feindschaft verbunden war wie seinem Kontrahenten, wählte den Standort der Plastik nach der Versöhnung mit den Stadtvätern persönlich aus. Wollte er etwa, wenn schon an der Concha, dann wenigstens so weit wie möglich von seinem Rivalen entfernt zu Ehren kommen? Man kann die Sache auch versöhnlich betrachten: Heute umschließen die Kunstwerke die Bucht von beiden Seiten – wie eine Umarmung.

Einen weiteren Chillida gibt es in der **Catedral del Buen Pastor** *im Stadtzentrum zu entdecken. Wer allerdings im Innern der Kirche danach sucht, wird nicht fündig …*

Kunst im Hotel

Noch mehr Eduardo Chillida erlebt, wer sich bei seinem Aufenthalt für das Hotel Niza entscheidet. Das 1908 erbaute, Ende der 1960er Jahre von der Familie Chillida erworbene Gebäude am Paseo de la Concha besticht nicht nur durch seinen altehrwürdigen Charme, der an die Glanzzeiten Donostias als Kurbad für die oberen Zehntausend erinnert. Überall im Haus hängen auch Originalzeichnungen, Grafiken und Radierungen des berühmten Künstlers. Von den Fenstern zur Seeseite bietet sich zudem ein fantastischer Blick auf Concha und Meer, bis hinüber zum *Peine del Viento*.

Woraus
Welt und Kunst
gemacht sind:
Wasser,
Steine, Wind
und Licht.

MUSCHELN

„In meinem Haus klingt das Meer Tag und Nacht, es wiegt mich in den Schlaf und murmelt mir mütterlich ins Ohr.
Mein Haus ist eine Muschel, Wiege und Grab (…),
Mein Haus liegt an der Concha von San Sebastián."

GABRIEL CELAYA, 1990

Die pintxo-Bar Paco Bueno zählt zu den kultigsten in Donostia. Und das nicht nur, weil es hier die besten Garnelenspieße der Stadt gibt.

Zugegeben, Paco Bueno besticht von der Einrichtung her eher durch diskreten Schick. Was daran liegen mag, dass das Etablissement seit seiner Gründung stets – fast – ausschließlich in Männerhand war. Den Anfang machte der aus dem baskischen Errenteria stammende Berufsboxer Paco Bueno (1915-1995), auch genannt „El León Guipuzcoano". Der zigfache spanische Meister, der im Jahr 1936 sogar bei den Olympischen Spielen in Berlin antreten sollte, was ihm allerdings aufgrund seiner Zugehörigkeit zu den „Roten" im gerade ausgebrochenen Spanischen Bürgerkrieg verwehrt wurde, beschloss 1951, die Handschuhe an den Nagel zu hängen und eine Kneipe zu eröffnen.

Noch heute erinnern die unterschiedlichsten Memorabilien an den illustren Gründer und Namensgeber: Boxhandschuhe, Pokale und vor allem unzählige Fotos. Unter die diversen Stehrümchen haben sich im Lauf der Jahre indes auch ein paar Rugbybälle gemischt. Deren Herkunft ist dadurch zu erklären, dass Sohn Paco Bueno Junior, der die Bar von seinem Vater übernahm, zwar auch ein wenig boxte, sich aber eher zu der ruppigen Mannschaftssportart hingezogen fühlte. Der mittlerweile ebenfalls in

Ehren ergraute Junior ist nur noch zu Stoßzeiten hinter dem Tresen anzutreffen, wo mittlerweile etwas jüngere Herrschaften das Zepter schwingen. Die burschikosen Jungs, da täuscht der äußerliche Eindruck, haben übrigens weder je geboxt, noch ein Rugbyteam verstärkt. Heute wetten sie bei Paco Bueno stattdessen auf die kultisch verehrte lokale Fußballelf Real Sociedad.

HUNDERT TORTILLAS TÄGLICH

Es ist beileibe nicht nur die Ausstrahlung der sympathischen Kerle hinter der Theke, die zum Kultstatus von Paco Bueno beigetragen hat, sondern auch das, was sich vor ihnen auf dem Tresen türmt: einige der authentischsten, bodenständigsten und daher schmackhaftesten *pintxos* von ganz Donostia. Legendär sind vor allem die Garnelenspieße. Samstags, wenn der stärkste Andrang herrscht, werden von den Gästen im Schnitt zwanzig Kilo bzw. knapp 1.500 Stück der in einer leichten Teigummantelung frittierten *gambas* vertilgt. Dicht gefolgt von etwa 600 Eiern für 100 Tortillas, die tagtäglich ihren Weg in die Schlünde der zahlreichen Stammkunden finden.

Für die begehrten Spezialitäten des Hauses zeichnet inzwischen die dritte Bueno-Generation, Paco Juniors Sohn Gorka, maßgeblich verantwortlich. Vor allem am Wochenende hat Gorka kaum eine ruhige Minute, wenn Thekenprofi Fernando beinahe minütlich „¡Más gamba!" – Mehr Gambas! – in die Küche brüllt.

Allerdings ist Gorka nicht der alleinige Herrscher über den Herd. In der testosterongeschwängerten und augenscheinlich männerdominierten Atmosphäre von Paco Bueno ist es, ganz unauffällig und im Hintergrund, dann doch eine Frau, die darüber wacht, dass auch die letzte Tortilla des Tages von gleicher Güte ist wie die erste *gamba*: Paco Bueno Juniors Gattin, die wir insgeheim „Paca" nennen, obwohl sie in Wirklichkeit bestimmt ganz anders heißt. Aber auch die Dame des Hauses steht eben ihren Mann – wie ein echter Paco Bueno.

PACO BUENO
CALLE MAYOR 4
ALTSTADT

Regen, nach dem ein Parfum benannt ist

***Txirimiri,** ein meteorologisches Phänomen, das seine **eigene Duftmarke** setzt und die Stadt nach **Zitrone** und **Bergamotte** riechen lässt.*

Fein und leise, fast unsichtbar, beinahe unhörbar. So präsentiert sich ein meteorologisches Phänomen, dem in Donostia kaum jemand entkommt: Nieselregen, mit dem jederzeit zu rechnen ist und der dafür sorgt, dass die *donostiarras* so gut wie nie ohne Schirm aus dem Haus gehen. Sein

baskischer Name: *txirimiri*, gelegentlich auch *zirimiri*. In der spanischen Übersetzung hört er ebenfalls auf verschiedene Namen: *sirimiri* und *chirimiri*. Bezeichnungen, die, wie Linguisten behaupten, allesamt onomatopoetischen Ursprungs sind. Denn sie verweisen lautmalerisch auf jene Geräusche, die von diesem gewissermaßen endemischen Regen beim Niedergehen verursacht und im Baskischen mit Ausdrücken wie *chipi-chipi*, *ziri-ziri* und *txirri-txirri* wiedergegeben werden.

Doch was hat es sonst noch mit diesem ganz speziellen Niederschlag auf sich? Poetisch Veranlagte verklären den Bonsai-Regen als luftige Wolke aus Wasserdampf, als eine Ansammlung von winzigen Tröpfchen, die im Haar glänzen wie Brillanten, einem wie süße Tränen über die Wangen laufen und dabei nostalgische Gefühle und Kindheitserinnerungen wecken. Nüchternere Zeitgenossen hingegen bezeichnen das zart sprühende Nass schlichtweg als graue Suppe, die oft mit kühlem Nebel einhergeht und einen schon bis auf die Knochen durchweicht, bevor man von dem Schmuddelwetter überhaupt etwas gemerkt hat.

Auch des feinen, beharrlichen Sprühregens wegen verlässt kaum ein stilbewusster donostiarra *das Haus ohne seinen* Schirm.

An den herrlichen Buchten und Stränden der nordspanischen Atlantikküste ist *txirimiri* freilich keine Ausnahmeerscheinung. Man sagt, die gewaltigen Himmelsgebilde aus mikroskopisch kleinen Wasserbläschen würden immer dann entstehen, wenn die kalte nächtliche Bewölkung über dem Golf von Vizcaya auf die wärmere Luft über der Landmasse stoße. An-

dere behaupten, der hartnäckige Fisselregen sei eine Folge des weltweiten Klimawandels. Wie auch immer. Unter dem häufigen Geniesel leiden sämtliche Landstriche in Küstennähe, von den Pyrenäenausläufern im Osten bis zum kantabrischen Gebirge weiter westlich.

Die Essenz einer dynamischen und eleganten Stadt

Aber nur die Perfumería Benegas, auf Nr. 12 der Calle Garibay gelegen, bietet *txirimiri* auch zum Kauf an. Nicht in Form von in Flakons gefülltem Regenwasser selbstverständlich, sondern als duftende Flüssigkeit aus den Essenzen von Zitrusfrüchten, Sandelholz und Bergamotte. *SSirimiri* nennt sich die olfaktorische Kreation, wobei das doppelte Eingangs-S natürlich auf den spanischen Namen der Stadt verweist.

Mehr verraten Charo, Asun und Luis Benegas, die diesen „Duft einer dynamischen und energiegeladenen, zugleich eleganten und lebenslustigen Stadt" 2009 erfunden haben, nicht. „Eine komplexe, aber ausgewogene Mixtur", raunt die dritte Generation des bereits 1908 als Herrenfrisör und „Parfumerie vornehmen englischen Stils" gegründeten Hauses. Ansonsten schweigen sich die Parfumeure mit einem feinsinnigen Lächeln über die Zusammensetzung ihres authentischen „Eau Basque" aus.

MELANCHOLIE

„ ... San Sebastián. Ich habe eine Erinnerung an ockerfarbene Fassaden mit vom Regen geschwärzten, steinernen Balkonen, eine Uferstraße, die sich an einer bewaldeten Höhe entlangzieht, eine Allee mit einer doppelten Reihe von Tamarinden, die einem Pariser Boulevard gleicht; im Winter sind die Bäume nackt, im Mai tragen sie seltsame Sträuße aus blassrosa Blüten, den Schaumkronen der Wellen an Sommerabenden ähnlich. Ich erinnere mich an die verlassenen Villen am Meer, an die Insel und den Leuchtturm mitten in der Bucht und an den schrägen Lichtstrahl, der nachts in ihr kreist und vom Wasser mit einem Zwinkern wie von Unterwassersternen reflektiert wird."

ANTONIO MUÑOZ MOLINA, 1987

Vom Fischerdörfchen zur Feinschmeckermetropole

Eine kurze Geschichte der Stadt

1014: Erste urkundliche Erwähnung: Schenkung des Klosters San Sebastián durch König Sancho den Älteren von Navarra an den Abt von Leyre (wobei die Echtheit des Dokuments in Fachkreisen angezweifelt wird).

1180: Offizielles Gründungsdatum der Stadt. König Sancho der Weise von Navarra, der seinem Königreich einen Meereszugang verschaffen möchte, verleiht San Sebastián die *fueros* (Sonderrechte). Neben dem traditionellen Wal- und Kabeljaufang etabliert sich der Seehandel. Die strategische Lage der Stadt führt dazu, dass sie bereits im 12. Jahrhundert befestigt wird. Im Lauf der Jahrhunderte kommt es zu zahlreichen Angriffen, die man bis 1719 erfolgreich abzuwehren versteht.

1200: San Sebastián und Guipúzcoa werden ins Königreich Kastilien eingegliedert.

1450: Erbauung des ersten Handelshafens.

1489: Die überwiegend aus Holz errichtete Stadt brennt bei einem Großbrand beinahe vollständig nieder.

1522: Carlos I (Karl V.) verleiht der Stadt den Titel „Muy Noble y Muy Leal Vila".

1597: Pestausbruch. Die Kranken werden auf die Isla Santa Clara gebracht.

1662: Felipe IV (Philipp IV.) erhebt San Sebastián zur Stadt.

1719-1721: Erste Kapitulation von San Sebastián vor dem französischen Heer.

1794-1813: Zweite Eroberung durch Frankreich.

1813: Die englischen und portugiesischen Truppen „befreien" gemeinsam mit den Spaniern die Stadt, indem sie sie niederbrennen und nahezu komplett zerstören. Beim Wiederaufbau wird auch die heutige, Parte Vieja genannte Altstadt errichtet.

1845: Aufstieg San Sebastiáns zur königlichen Sommerresidenz: Isabel II verbringt zur Linderung eines Hautleidens (es soll sich um Herpes gehandelt haben) mithilfe von Meerbädern

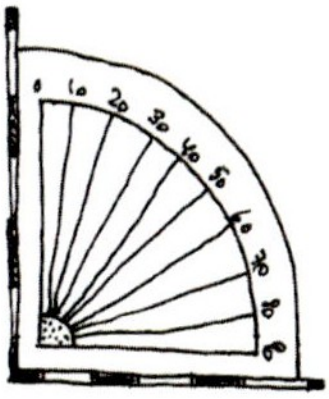

den ersten Sommer in San Sebastián, was Stadt und Strand in der Folge zum attraktiven Anziehungspunkt für den spanischen Hof und Adel werden lässt.

1863: Aufgrund des massiven Aufstiegs der Stadt und der damit verbundenen Expansion werden die alten Festungsmauern abgerissen.

1887: Königin María Cristina verlegt den gesamten spanischen Hofstaat während der Sommermonate nach Donostia. San Sebastián wird zum mondänen Kurbad und einem blühenden Aushängeschild der Belle Époque; Eröffnung des Spielcasinos, das seit 1947 das Rathaus beherbergt.

1888: Grundsteinlegung der Kirche Buen Pastor. Die Bauarbeiten werden 1897 abgeschlossen, 1953 erhält die Kirche den Status einer Kathedrale.

1912: Einweihung des *funicular* (Standseilbahn), des Theaters Victoria Eugenia und des Hotels María Cristina.

1914-1918: Während des Ersten Weltkriegs fliehen vermögende Europäer vor dem militärischen Konflikt nach San Sebastián; die Stadt entwickelt sich zum kosmopolitischen Zentrum Europas.

1921: Eröffnung der von deutschen Industriellenfamilien gegründeten Deutschen Schule.

1924: Verbot des Glücksspiels, sehr zum Unmut der zahlungskräftigen und vergnügungssüchtigen touristischen Gäste.

1936-1939: Auch während des Spanischen Bürgerkriegs bleibt San Sebastián die beliebteste Destination der Oberschicht. Von 1940-1975 fungiert die Stadt als Sommerresidenz des Diktators Francisco Franco sowie, in den 1950er Jahren, von Juan Carlos de Borbón, dem späteren König Juan Carlos I.

1953: Zum ersten Mal findet das Internationale Filmfestival statt, das fortan mit Cannes, Venedig, Berlin und Locarno konkurriert.

1965: Die private, 1886 von den Jesuiten gegründete Universidad de Deusto eröffnet einen Campus in San Sebastián.

1966: Gründung des Jazzfestivals *Jazzaldia*, das seither jährlich im Juli stattfindet.

1973: Abriss des 1921 eingeweihten Gran Kursaal Marítimo de San Sebastián, der direkt am Zurriola-Strand und an der Mündung des Flusses Urumea liegt.

1980/81 und 1981/82: Real Sociedad wird spanischer Fußballmeister.

1987: Zum zweiten Mal nach 1909 gewinnt Real Sociedad die *Copa del Rey*, den spanischen Pokal.

1999: Einweihung des Kongress- und Kulturzentrums Kursaal (spanisch: Palacio de Congresos y Auditorio Kursaal), das zwischen 1996 und 1999 nach Plänen des Architekten Rafael Moneo am Standort des alten Gran Kursaal errichtet wurde.

2011: Eröffnung des Basque Culinary Center.

2016: Die Stadt amtiert, zusammen mit Breslau in Polen, als Europäische Kulturhauptstadt.

2019: San Sebastián beginnt nach erbitterten Diskussionen mit dem Bau einer Metro – böse Zungen behaupten, nur deswegen, weil die ewige Rivalin Bilbao auch eine hat.

ADEL

„Ein Graf von Montmorency rühmte einst vor einem Basken das Alter seines Namens, seines Adels, seiner Familie, rühmte, von welch großen Männern er abstammte. Der Baske erwiderte: ‚Wir Basken, Herr Graf: Wir stammen überhaupt nicht ab!'“

KURT TUCHOLSKY, 1927

KLEINES, UNORDENTLICHES BASKENLAND-ABC

A

In **Astigarraga**, einem Vorort von San Sebastián, wird – wie auch in anderen Vororten wie Hernani und Usurbil – im Herbst *sidra*, der für die Region typische saure Apfelwein, hergestellt und zu Jahresbeginn in den lokalen *sidrerías* verkostet, häufig zusammen mit gegrillten *chuletas*, gewaltigen Rinderkoteletts, Tomatensalat und Brot.

B

Bertsolari nennt sich der baskische Stegreifpoet, der seine improvisierten Verse, ***bertso*** genannt, meist zusammen mit einem zweiten Dichtersänger vorträgt. Professionelle *bertsolaris*, die sich auch bei der Jugend großer Beliebtheit erfreuen, treten auf Festen, in Kneipen und zu besonderen Anlässen auf.

B

Bilbao, die größte Stadt des Baskenlandes, vor allem jedoch ewige Konkurrentin Donostias, liegt knapp 100 km von dort entfernt. Mit dem Guggenheim-Museum (siehe unter G), einer der ältesten Schwebefähren der Welt an der „Hängenden Brücke" über den Fluss Nervión, dem vom Stararchitekten Santiago Calatrava entworfenen Flughafen-Terminal im Nachbarort Loiu, dem Fußballclub Athletic Bilbao, in dem traditionell nur baskische Spieler zum Einsatz kommen und der trotzdem noch nie aus der ersten Liga abgestiegen ist, und seinem neuen, 2013 eröffneten San Mamés-Stadion hat die Stadt zwar auch einiges zu bieten. Aber gleichzeitig Bilbao und San Sebastián lieben – das ist völlig ausgeschlossen. Bilbao unterhält u. a. eine Städtepartnerschaft mit der georgischen Hauptstadt Tbilissi.

C

El Correo lautet die Kurzbezeichnung für die regionale Tageszeitung El Correo-El Pueblo Vasco, seit 1938 Nachfolgerin der 1910 gegründeten und 1936 im Spanischen Bürgerkrieg eingestellten Zeitung El Pueblo Vasco. Gehört zur Mediengruppe Vocento,

die ebenfalls die überregionale Tageszeitung ABC herausgibt, und ist mit einer täglichen Auflage von rund 90.000 Exemplaren die wichtigste Tageszeitung in den baskischen Provinzen Vizcaya und Álava. (Siehe auch El Diario Vasco.)

D

Mit einer Auflage von rund 86.000 Exemplaren ist **El Diario Vasco** die wichtigste Tageszeitung der baskischen Provinz Guipúzcoa, mit Sitz in Donostia. Wurde 1934 gegründet und gehört ebenfalls zur Mediengruppe Vocento. Bezeichnet sich als zweisprachig, obwohl 90 Prozent der Artikel spanischsprachig und nur zehn Prozent in baskischer Sprache sind. (Siehe auch El Correo.)

E

EITB ist die Abkürzung für Euskal Irrati Telebista, den 1982 gegründeten baskischen Sender mit fünf Fernsehkanälen und fünf Radiosta-

tionen, deren Programme in baskischer und in spanischer Sprache ausgestrahlt werden. Besonders beliebt sind die regelmäßigen Live-Übertragungen der *pelota vasca*-Spiele.

E

Der baskische Entdecker Juan Sebastián **Elcano** wurde um 1486 in Getaria in der Provinz Guipúzcoa geboren. Ab 1519 nahm er als Offizier an der ersten Weltumseglung unter Ferdinand Magellan teil und vollendete dessen Expedition, nachdem der portugiesische Kapitän im April 1521 auf den Philippinen im Kampf mit der indigenen Bevölkerung umgekommen war. Seit seiner Rückkehr am 6. September 1522 in den andalusischen Ausgangshafen Sanlúcar de Barrameda gilt Elcano als erster Europäer, dem zusammen mit seiner Mannschaft eine komplette Weltumseglung gelang. Er starb beim Versuch einer zweiten Weltumrundung am 4. August 1526 im Pazifi-

schen Ozean an Unterernährung. Ein Monument am Ortseingang von Getaria erinnert an den berühmtesten Sohn der Stadt.

E

Unter der späteren Bezeichnung Euskadi ta Askatasuna (Baskenland und Freiheit; Abkürzung **ETA**) wurde am 31. Juli 1959, dem Geburtstag von Ignatius von Loyola, einem jesuitischen Heiligen baskischer Herkunft, in Bilbao die baskisch-nationalistische Terrororganisation gegründet. Ursprünglich sollte sie ATA heißen, aber weil die Abkürzung für Aberria ta Askatasuna (Vaterland und Freiheit) auf Baskisch auch „Ente" bedeutet, rückte man von dieser Idee wieder ab. Die zunächst gegen die Repressionen des zentralistischen Franco-Regimes gerichtete Studenten- und Jugendbewegung entwickelte sich mit den Jahren zu einer kriminellen Vereinigung, die mittels Entführungen, Lösegeldforderungen, sogenannten Revolutionssteuern, Morden, Anschlägen und Attentaten gegen den spanischen Staat kämpfte und für ein unabhängiges Baskenland eintrat. Bis zum letzten ETA-Mord und dem anschließenden Waffenstillstand im Jahre 2009 kam es zu rund 850 Toten, davon 342 Zivilisten und 481 Angehörige staatlicher Organe. Im Sommer 2014 entschuldigte sich erstmals ein verurteiltes ETA-Mitglied anlässlich einer Gedenkfeier öffentlich bei der Familie seines Opfers. 2017 gab ETA ihre Waffen ab und löste sich 2018 offiziell auf.

F

Das Wort **fueros**, wörtlich übersetzt: Vorrechte, Privilegien, bezeichnet die seit dem 13. Jahrhundert von den spanischen Königen verliehenen Sonder- und späteren Gewohnheitsrechte (z. B. Steuerfreiheit gegenüber der spanischen Krone, Selbstverwaltungsrechte), die den Basken weitgehende Unabhängigkeit zusichern und eine gewisse Autonomie des Baskenlandes begründen. Dieser Pakt mit dem König, der seit dem Mittelalter die politische und rechtliche Ordnung des Baskenlandes bestimmt, ist bis heute eine wichtige Grundlage des baskischen Nationalismus.

G

Gernika (offiziell Gernika-Lumo, kastilisch: Guernica y Luno) ist nicht nur der Titel eines berühmten Bildes von Pablo Picasso, sondern auch der Name einer Kleinstadt in der Provinz Vizcaya. In der 1366 gegründeten heiligen Stadt der Basken fanden ab dem Mittelalter die Versammlungen der Vertreter der Dörfer Vizcayas statt. Unter der Eiche von Gernika, wo die baskischen Ältestenräte bis 1876 zusammenkamen und die als baskisches Freiheitssymbol gilt,

schworen die kastilischen Könige, die besonderen Autonomiegesetze des Baskenlandes, die *fueros* (siehe unter F), zu achten und zu wahren. Das gleichnamige Monumentalgemälde von Picasso entstand, nachdem die Stadt am 26. April 1937 durch Flugzeuge der deutschen Legion Condor und der italienischen Corpo Truppe Volontarie, die auf Seiten Francos kämpften, bombardiert und kurz darauf durch nationalistische Truppen eingenommen worden war.

G

Der Ausdruck **Guggenheim-Effekt**, auch Bilbao-Effekt, gelegentlich sogar Bilbao-Fluch genannt, bezeichnet, vom 1997 eröffneten und für seinen dekonstruktivistischen Baustil berühmten Guggenheim-Museum ausgehend, die Entwicklung und Aufwertung des Ortes durch die avantgardistische, provokative und spektakuläre Architektur des US-Amerikaners Frank Gehry. Zum kulturellen und touristischen Boom der einst hässlichen, grauen und schmutzigen Industriestadt tragen seit dem ausgehenden 20. Jahrhundert weitere Modernisierungen wie die von Sir Norman Foster konzipierte Metrostrecke mit ihren *fosterito* genannten Abgängen und die Zubizuri-Brücke des renommierten spanischen Architekten Santiago Calatrava bei. Ob der Guggenheim-Effekt sich auf andere Orte, Regionen oder gar Kontinente übertragen lässt, ist äußerst umstritten.

H

Die Kleinstadt **Hondarribia** (17.000 Einwohner) im Nordosten der Provinz Guipúzcoa ist bekannt für ihren historischen Altstadtkern, aber vor allem für den kleinen Flughafen, der 22 km von Donostia entfernt liegt, aber gerne als „Aeropuerto de San Sebastián" bezeichnet wird. Seine bescheidenen Ausmaße und die nicht gerade zahlreichen Flugbewegungen trugen bislang dazu bei, dass die Stadt und die Region vom Massentourismus verschont geblieben sind.

I

Seit 1979 ist die **Ikurriña** die offizielle Flagge der Autonomen Gemeinschaft Baskenland. Der rote Hintergrund steht für das Baskenland, das Grün des Andreaskreuzes für dessen

Unabhängigkeit, während das weiße Kreuz über dem Andreaskreuz auf rotem Tuch Gott symbolisiert.

I

Iparralde, der französische Teil des Baskenlandes (*pays basque français*, wörtlich: Nordgebiet), setzt sich zusammen aus den drei historischen Territorien Labourd, Basse-Navarre und Soul. Von dort stammt nicht nur der Komponist Maurice Ravel, sondern auch Didier Deschamps und – wie schon am Namen ersichtlich – Bixente Lizarazu, die beide mit der französischen Fußballnationalmannschaft Welt- und Europameister wurden. Wird auf Baskisch auch noch als Ipar Euskal Herria (nördliches Baskenland) bezeichnet.

J

Im Baskenland kann der **Jakobsweg**, die berühmte Route nach Santiago de Compostela in Galicien, sowohl entlang der Küste als auch durch das Landesinnere zurückgelegt werden. Auf baskischem Territorium beginnt er in Hondarribia bzw. Irún, endet in Cobarón bzw. Briñas und führt an durchschnittlich sieben Tagen entweder durch Fischerorte, Industriestädtchen, landwirtschaftliche Gebiete oder durch Wälder, weite Ebenen und ländliche Regionen. Beide Strecken spiegeln die Vielfalt und Heterogenität des Baskenlandes wider.

K

Im Baskenland sind die **karnevalistischen** Bräuche von Stadt zu Stadt, von Region zu Region verschieden und erfreuen sich zunehmender Popularität. Zu den Hochburgen des närrischen Treibens, das gewöhnlich in den Wochen und besonders an den letzten Tagen vor Aschermittwoch, aber gelegentlich auch noch später stattfindet, zählen Orte wie San Sebastián, Tolosa und Vera de Bidasoa. Nachdem das Baskenland unter Franco härter als andere spanische Regionen unterdrückt worden war, wurde die Wiederbelebung alter, teilweise bereits vergessener karnevalistischer Traditionen auch als wichtiges Zeichen regionaler Identität und als Bekenntnis zur Heimat gedeutet.

L

Lauburu, das baskische Kreuz, auch baskische Rose oder baskische Swastika genannt, bestehend aus vier Armen, die jeweils wie ein Komma geformt sind. Wegen dieser Form wird das Symbol gelegentlich mit dem Hakenkreuz der Nationalsozialisten verwechselt, mit dem es aber glatt und gar nichts zu tun hat. Genauso wenig wie SS, das ehemalige und auch heute noch gelegentlich anzutreffende Autokennzeichen der Stadt, und die Abkürzung im Wappen des lokalen Fußballvereins auf die unrühmliche deutsche Vergangenheit verweisen.

L

Lehendakari, die offizielle Bezeichnung für den Ministerpräsidenten der Autonomen Gemeinschaft Baskenland, setzt sich zusammen aus den baskischen Wörtern *lehen* (der Erste) und *idazkari* (Sekretär) – was aber keineswegs auf eine gesteigerte Affinität zu sowjetisch-kommunistischen Staatsmodellen zurückzuführen ist. Der Amtssitz des *lehendakari* heißt *lehendakaritza* und befindet sich in Vitoria-Gasteiz. (Siehe unter V.)

M

Soziologen zufolge geht das baskische **Matriarchat** auf die Tatsache zurück, dass die baskischen Frauen quer durch die Jahrhunderte das Sagen im Haus, im Clan und in der Sippe hatten. Im baskischen Volksglauben sind Mutterschaft und Göttlichkeit nämlich seit jeher eng miteinander verbunden. Daraus resultiert die Tatsache, dass einst Frauen die Bauernhöfe führten, Männer nach der Heirat den Namen der Frau annahmen und das Erbrecht stets die Erstgeborenen begünstigte, egal ob Sohn oder Tochter. Zudem gab es eine Sonderregelung der katholischen Kirche, die es Baskinnen schon früh erlaubte, Messdienerinnen zu werden, ein Vorrecht, das heute kaum jemand mehr nutzt.

N

Navarra (baskisch: Nafarroa), die Autonome Gemeinschaft und östliche Nachbarprovinz des Baskenlandes mit der Hauptstadt Pamplona, ist hauptsächlich bekannt für die alljährlich im Juli stattfindenden Stierrennen *Sanfermines*. Ob und inwiefern auch noch Teile Navarras (rund 650.000 Einwohner) zum Baskenland zählen, ist umstritten. Jedenfalls hätte Navarra sich nach der spanischen Verfassung dem Autonomieprozess des Baskenlandes anschließen können, was aber nicht geschah.

O

1988 erschien **Obabakoak**, das bekannteste Werk des baskischen Schriftstellers Bernardo Atxaga, das in mehr als 30 Sprachen übersetzt

und verfilmt wurde. Mit *Obabakoak*, urteilten Kritiker, hat der 1951 geborene Autor, der eigentlich Joseba Izaru Garmendia heißt, der baskischen Sprache ihren Platz in der Weltliteratur gesichert. Noch bedeutender für die Basken in der

Weltliteratur dürfte mittlerweile aber *Patria* (2016), der Jahrhundertroman des 1959 in Donostia geborenen Fernando Aramburu, über den ETA-Terror und seine Folgen sein.

O

Das Haus, in dem der spanische Admiral Antonio de **Oquendo** (baskisch: Okendo) im Oktober 1577 geboren wurde, kann heute noch im Stadtteil Gros von Donostia besichtigt werden. Oquendo unternahm mehrere Atlantik-Überquerungen, bei denen seine Truppen spanischen Handelsschiffen, die hauptsächlich südamerikanisches Silber nach Europa schafften, Begleitschutz boten. Zudem nahm er an über hundert Seegefechten teil. Das wichtigste davon war die siegreiche Schlacht beim brasilianischen Archipel Abrolhos im Jahr 1631, die es ihm ermöglichte, die kurz zuvor von den Niederländern eingenommene Stadt Recife zurückzuerobern. Weniger erfolgreich endete die Seeschlacht in den Downs im Oktober 1639. Nach dem Sieg der niederländischen Flotte über Oquendos Transportflotte, welche die spanischen Truppen in den Niederlanden unterstützen sollte, war die spanische Seemacht im Norden auf Dauer gebrochen. Oquendo wurde verwundet und kehrte moralisch gebrochen nach Spanien zurück, wo er am 7. Juni 1640 in La Coruña verstarb.

P

Zusammen mit Argentinien, Chile, Kuba, Mexiko und den USA sind die **Philippinen** eines der Länder, in die im 19. Jahrhundert, besonders in den Jahren 1865-1875, mehr als 200.000 Basken auswanderten. Die Hauptgründe für diese massive Emigration waren die schlechte wirtschaftliche Lage des Baskenlandes, wo fast ausschließlich Land- und Viehwirtschaft betrieben wurde, und das Erbrecht, durch das der gesamte Besitz an den Ältesten fiel. Allerdings hatten schon zu Zeiten der Entdeckung Amerikas und der Eroberung Perus viele Basken ihre Heimat verlassen und sich als Seefahrer oftmals durch besonderen Wagemut und Tapferkeit ausgezeichnet. Im 19. und 20. Jahrhundert verstärkte sich die baskische Einwanderung aus persönlichen, sozialen und auch aus politischen Ursachen (politische Flüchtlinge, Militärdienstverweigerer, Carlistenkriege, Spanischer Bürgerkrieg usw.).

P

Die seit 1979 bestehende Autonome Gemeinschaft Baskenland setzt sich zusammen aus den drei **Provinzen** Guipúzcoa (baskisch Gipuzkoa, Hauptstadt: San Sebastián, flächenmäßig die kleinste aller 50 Provinzen Spaniens; 718.000 Einwohner), Biskaya (baskisch Bizkaia, spanisch Vizcaya, Hauptstadt: Bilbao; 1,15 Millio-

nen Einwohner) und Álava (baskisch Araba, Hauptstadt: Vitoria-Gasteiz; 324.000 Einwohner).

Q Siehe unter Y.

R

Eigentlich heißt Paco **Rabanne**, der spanisch-französische Modeschöpfer und Designer, Francisco Rabaneda Cuervo. Er wurde am 18. Februar 1934 in San Sebastián geboren und verbrachte seine Kindheit während des Spanischen Bürgerkrieges im Baskenland. 1939 floh er mit seiner Mutter nach Paris. Zusammen mit Courrèges und Yves Saint Laurent gilt Paco Rabanne als stilprägender Couturier für die Mode der 1960er Jahre.

R

Das Weinbaugebiet **Rioja** verteilt sich auf die drei autonomen Regionen La Rioja, Navarra und das Baskenland und gilt als eines der bedeutendsten in ganz Europa. Gleichzeitig bezeichnet das Wort Rioja den dort produzierten Wein, hauptsächlich Rotwein. Im baskischen Teil, Rioja Alavesa genannt, befinden sich neben den Weingärten einige der spektakulärsten *bodegas*, die auch von touristischem Interesse sind. Diese Weinkellereien dienen nämlich nicht nur als Produktions-, sondern auch als Lagerstätten, in denen Weinproben mit regionaltypischen Mahlzeiten angeboten werden. Zudem wurden einige neuere Bodega-Gebäude bekannter Firmen, denen oft auch eigene Hotels in unmittelbarer Nachbarschaft gehören, von angesehenen Architekten wie Frank Gehry (Marqués de Riscal in Elciego) und Santiago Calatrava (Ysios in Laguardia) gestaltet.

S

Die **salinas de Añana** gelten als eine der kuriosesten Sehenswürdigkeiten in einer der erstaunlichsten Landschaften der südlichen Baskenprovinz Álava. Die Anlage besteht aus einem Labyrinth aus mit Wasser gefüllten Terrassen in unterschiedlichen Höhen. Über ein weit verzweigtes Versorgungssystem wird Wasser aus mehreren Quellen durch Holzkanäle auf Plattformen geleitet, auf denen sich, wie bereits zu Zeiten der Römer, das durch Verdampfung gewonnene Salz sammelt. Mit angebautem kleinen, aber sehr lehrreichen Salzmuseum.

T

Der **txakolí**, ein sehr trockener, leicht moussierender Weißwein mit hohem Säuregehalt, kommt hauptsächlich aus dem Weinbaugebiet Getaria an der Küste von Guipúzcoa, aber auch aus Vizcaya und der Region Amurrio in Álava. Er wird in jeder Bar, jedem Restaurant landestypisch

in hohem Bogen in die Gläser ausgeschenkt, speziell zu den *pintxos*, der anderen regionalen Spezialität. Da *txakolí* nicht lange haltbar ist, sollte er innerhalb eines Jahres nach der Abfüllung getrunken werden.

T

Der baskische Name der Baskenmütze, die auf Spanisch *boina* heißt, lautet **txapela**. Getragen wird die *txapela* seit sehr langer Zeit – genaue Daten sind nicht bekannt – in den Gebirgstälern der Pyrenäen, im französischen Baskenland und im benachbarten Béarn, von wo sie ursprünglich auch stammen soll. Traditionell wird die Kopfbedeckung aus Wolle oder Filz, neuerdings auch aus Baumwolle hergestellt, oft mit einem kurzen Stummel in der Mitte, der vom früher üblichen langen Bommel übrig geblieben ist. Im Gegensatz zum Barett eigentlich eine zivile Kopfbekleidung, obwohl auch die Beamten der autonomen baskischen Polizei (*Ertzaintza*) rote Baskenmützen tragen. In Balmaseda (Provinz Vizcaya) wartet ein Baskenmützen-Museum auf Besucher.

U

Andrés de **Urdaneta**, 1498 in Ordizia geboren, am 3. Juni 1568 in Mexiko-Stadt gestorben, war ein baskischer Augustinermönch, Kapitän und Entdecker. Bekannt wurde er für seine Entdeckung und die Kartografierung einer Route durch den Pazifik, die später als „Urdanetas Weg" bezeichnet wurde. Indem Urdaneta sich 1525 der glücklosen Expedition García Jofre de Loaísas zu den Gewürzinseln, den heutigen Molukken, anschloss, dort von den Portugiesen gefangen genommen wurde und 1536 nach Europa zurückkehrte, gelang ihm die zweite europäische Weltumsegelung, die insgesamt zehn Jahre dauerte.

U

Der Naturpark **Urdaibai** liegt in der Provinz Vizcaya und wurde 1984 von der Unesco zum Biosphärenreservat ernannt. Mit ihrer Fläche von 23.000 Hektar, ihren Steineichenwäldern, dem Heideland, den Feucht- und Schutzgebieten bietet die vielfältige Naturlandschaft vor allem einer Vielzahl von Zugvögeln Platz und Gelegenheit für Zwischenstationen.

V

Vitoria, offiziell: Vitoria-Gasteiz, liegt rund 100 km von Donostia entfernt und wurde – nach inoffizieller Version – nur deshalb zur Hauptstadt des Baskenlandes, weil Bilbao und San Sebastián sich noch nie einig waren, wer die bedeutendste und schönste Stadt des País Vasco ist. Angeblich wollte man mit der Wahl Vitorias, wo sich mit der Villa Ajuria Enea auch der offizielle Wohnsitz des baskischen Ministerpräsidenten befindet, vor allem die Provinz Álava, deren Loyalität lange zwischen Baskenland und Spanien schwankte, stärker an das Baskenland binden. Ansonsten wird Vitoria, was – mit Ausnahme von Donostia – weder für das Baskenland noch für Restspanien typisch ist, von zahlreichen Fahrradwegen durchzogen und war 2012 Umwelthauptstadt Europas.

X

Das **X**, der 24. Buchstabe des lateinischen Alphabets, wird im Baskischen, im Maltesischen und in der vorhispanischen Aztekensprache Nahuatl wie das deutsche Sch (etwa in Fisch) ausgesprochen. Doch während das X – nach dem Q – der zweitseltenste Buchstabe in deutschen Texten ist, kommt er in der baskischen Sprache relativ häufig vor, meistens in der Kombination Tx.

Y

Das **Y** ist ein Buchstabe, den es im Baskischen ebenso wenig gibt wie das C, das Q, das V und das W, außer in Eigennamen oder als Leihgaben aus anderen Sprachen (wie etwa bei *campus, volt, watt* oder *yogurt*). Folglich besteht das baskische Alphabet auch nur aus 22 Buchstaben, das Ñ mit einberechnet.

Z

Zusammen mit anderen ehemaligen Fischerorten wie Deba, Lekeitio, Mutriku, Ondarroa und Zumaia am Golf von Vizcaya bietet **Zarautz** jene Locations, die heute ganz besonders bei Surfern und anderen Wassersportlern beliebt sind. Im Hinterland zieht es die Touristen in Dörfer und Städtchen wie Eibar, Azpeitia, Azkoitia und Tolosa, die sich oftmals noch ihren mittelalterlichen Charakter bewahrt haben und sich gleichzeitig – mitunter sogar mit Erfolg – darum bemühen, Anschluss ans 21. Jahrhundert zu finden.

UNSERE FAVORITEN

Eigentlich kann man in San Sebastián ja so ziemlich überall prima flanieren und spazieren, essen und trinken, shoppen oder einfach nur entspannt herumsitzen. Trotzdem möchten wir an dieser Stelle ein paar ganz persönliche Favoriten verraten, bei denen es sich ganz besonders prima flanieren und spazieren, essen und trinken, shoppen oder einfach nur entspannt herumsitzen lässt.

LIBRERÍA DONOSTI

Die hübscheste, gemütlichste und netteste Buchhandlung der Stadt an der bildschönen Plaza de Bilbao hat auch eine kleine, aber feine Auswahl fremdsprachiger Titel im Sortiment. Andoni, Nuria, Santi und Seniorchefin Conchi nehmen sich immer Zeit für eine ausführliche und absolut fachkundige Beratung, denn das Familien-Team liest eigentlich alles, was neu auf den Markt kommt. Und ihre Klassiker kennen sie sowieso. Sollten Sie die Landessprache beherrschen (es muss nicht unbedingt gleich Baskisch sein), kann es gut passieren, dass die leidenschaftliche Gärtnerin Conchi Ihnen noch ein paar Tipps zum Gemüseanbau – und, wir sind schließlich in Donostia, natürlich auch dessen Zubereitung – mit auf den Weg gibt.

Plaza de Bilbao 2

Die netteste und kompetenteste Buchhändler-Familie der Stadt: Conchi, Andoni, Nuria und Santi von der Librería Donosti

Das leckerste solomillo der Stadt (finden wir) gibt's hier bei Astelena

MOJABE

Männer müssen jetzt ganz, ganz tapfer sein: Das junge Modelabel Mojabe hat zwar mittlerweile schon den zweiten Laden eröffnet, aber immer noch keine Mode für Männer im Angebot. Worüber die sich mit Recht grün und blau ärgern können. Denn Chefin Clara Bueno Moreno bietet in ihren beiden Geschäften eine ständig wechselnde Kleider-Auswahl in trendigen, ungewöhnlichen Designs samt passenden Accessoires. Das Ganze jenseits der üblichen Stangenware und zu günstigen Preisen, selbst wenn keine rebajas *sind. Da kann das An- und Ausprobieren schonmal ein Weilchen dauern – sehr zum Leidwesen männlicher Begleitpersonen. Wenn's gar zu langweilig wird: Mitarbeiterin Amaya hat eine Zeitlang in Berlin gelebt und übt wahnsinnig gern ihr sonst in Vergessenheit geratendes Deutsch.*

Calle Garibai 24 und Calle Alfonso VIII 3

ASTELENA.148

Schlicht und einfach derzeit die beste pintxo*-Bar. Tolle Lage mit sonniger Terrasse direkt an der „Consti", der Plaza de la Constitución in der Altstadt, moderne und trotzdem charmante Inneneinrichtung, in der man sich gern auch mal ein ausgedehnteres Weilchen aufhält. Zumal es genügend Tische gibt und Sie entspannt und im Sitzen einen* pintxo *nach dem anderen aus der Karte oder direkt vom Tresen probieren können. Junge, lockere und meistens sehr freundliche Mitarbeiter (außer vielleicht am Ende der Hauptsaison), ein vielseitiges und kreatives, aber nicht zu abgedrehtes Angebot sowie ein unschlagbares Preis-Leistungs-Verhältnis. Das Steak Tartar, das Rührei* à la ropa vieja*, was so viel wie „alte Wäsche" bedeutet, oder das* solomillo*-Filet sind zum Fingerlecken.*

Calle Iñigo 1

Käseverkäufer aus Leidenschaft: Alejo (oben) und Isker haben sichtlich Spaß bei der Arbeit

ELKANO 1

Ein Paradies auf Erden für Mäuse und alle anderen, die Käse lieben. Ok, manchmal könnten weniger hartgesottene aficionados eine Nasenklemme gut gebrauchen; bei den Düften, die die ausschließlich in kleinen Regionalbetrieben hergestellten Erzeugnisse im Laden verströmen. Dabei steht der Geschmack den würzigen Gerüchen nicht im Geringsten nach. Netterweise schreiben die drei Inhaber Alejo, Josune, Iker und ihre Mitarbeiter bei jedem Käseerwerb den Namen des jeweiligen Produkts aufs Einpackpapier, damit man beim nächsten Einkauf weiß, was einem beim letzten Mal am besten geschmeckt hat. Das bringt nur meistens nichts, denn in der Regel ist der Wunschkäse innerhalb kürzester Zeit restlos ausverkauft. Macht nichts. In den Monaten, in denen man auf den folgenden Jahrgang wartet, kann man einfach weitere Köstlichkeiten ausprobieren. Die allermeisten davon sind selbstverständlich baskisch, frei nach dem Motto der Käsefalle: „Gazta is cheese". Was das baskische Wörtchen gazta wohl bedeuten mag? Wetten, Sie kommen drauf?

Calle Elkano 1

PASEO NUEVO

Die liebliche, friedliche Concha kennt jeder, an den ungleich wilderen Paseo Nuevo verirren sich schon deutlich weniger Touristen. Kein Wunder, im Winter geht es hier ganz schön heftig zu, häufig ist die Promenade ganz gesperrt, weil es immer mal wieder vorkommt, dass übermütige einheimische oder fremde Besucher, die sich zu nah an die Brüstung oder gar darüber hinweg wagen, ins Meer gespült werden. Auch

Bei so einer sonnigen Terrasse hat Robinson-Chef Manuel Castorina gut lachen

im Sommer müssen Sie jederzeit mit einem erfrischenden Brecher rechnen, der Sie bis auf die Haut durchnässt. Aber die atemberaubenden Wellen, die tosende Brandung und der Blick in die unendlichen Weiten des Golfs von Vizcaya machen die Promenade am Fuße des Monte Urgull zu einem unwiderstehlichen Sehnsuchtsort für Romantiker.
Die Treppe am Ende des Hafens hoch oder – aus Gros kommend – nach der Brücke rechts abbiegen

Die wilde Seite Donostias: der Paseo Nuevo

ROBINSON BAR

Am äußersten Zipfel des sich nicht nur für Surfer immer mehr zum Szenespot entwickelnden Viertels Gros liegt die Kneipe mit der wohl sonnigsten und wärmsten Terrasse der ganzen Stadt. Wenn die donostiarras überall sonst in dicke Daunenjacken gepackt bibbern – schließlich gelten schon zehn Grad plus als „frío siberiano", sibirische Kälte –, können sie sich hier mit etwas Glück selbst im Januar die Sonne auf den Winterpelz scheinen lassen. Warm ums Herz wird einem übrigens auch, wenn die Bedienung mit sanftem Säuseln die Bestellung aufnimmt. Chef Manuel Castorina und sein Team sind nämlich Argentinier, und die sprechen historisch bedingt ein wunderbar melodisches Spanisch, das fast italienisch klingt. Ach ja, und die Gin Tonics bei Robinson sind auch nicht zu verachten …
Paseo de Francia 1

LECKER, PRAKTISCH, EMPFEHLENSWERT

ESSEN UND TRINKEN:

Ama-Lur
Calle Carquizano 7, Gros
Tel. 943 27 45 84
www.amalurdonostia.com
(halbe und ganze Hähnchen: *pollo*)

astelena.148
Calle Iñigo 1, Altstadt
Tel. 843 68 70 19
www.aste148gastroleku.com
(toller Tartar und kleine feine Filets)

Bar Kursaal
Avenida de la Zurriola 22, Gros
Tel. 943 29 11 50
www.barkursaal.com
(urig, günstig, gut)

Bodega Donostiarra
Calle Peña y Goñi 13, Gros
Tel. 943 01 13 80
www.bodegadonostiarra.com
(sehr lecker, sehr kommunikativ)

Bodegón Alejandro
Calle Fermín Calbetón 4, Altstadt
Tel. 943 42 71 58
www.bodegonalejandro.com
(gehoben, aber mittags oft günstig)

Casa Vallés
Calle Reyes Católicos 10
Tel. 943 45 22 10
www.barvalles.com
(legendärer Gilda-*pintxo*)

Ganbara
Calle San Jerónimo 21, Altstadt
Tel. 943 42 25 75
www.ganbarajatetxea.com
(berühmt für Pilzspezialitäten: *hongos*)

Gandarias
Calle 31 de Agosto 23, Altstadt
Tel. 943 42 63 62
www.restaurantegandarias.com
(Traditionsküche, riesige *chuletas*)

Kata4
Plaza Santa Catalina 4
Tel. 943 42 32 43
www.kata4.com
(viele leckere Austern)

La Viña
Calle 31 de Agosto 3, Altstadt
Tel. 943 42 74 95
www.lavinarestaurante.com
(bester Käsekuchen: *tarta de queso*)

Néstor
Calle Pescadería 11, Altstadt
Tel. 943 42 48 73
www.barnestor.es
(Tomatensalat zum Niederknien: *ensalada de tomate*)

Nineu
Avenida Zurriola 1, Gros
Tel. 943 00 31 62
www.restaurantenineu.com
(bezahlbare Küche mit Niveau)

Paco Bueno
Calle Mayor 6, Altstadt
Tel. 943 42 49 59
(Tortillas und *¡Más gamba!*)

Picachilla Taberna náutica
Ecke Avda. Zurriola/Peña y Goñi, Gros
Tel. 943 327 894
(viel Bier und Fußballübertragungen in echter Hafenkneipen-Atmosphäre)

Robinson
Paseo de Francia 1, Gros
Tel. 943 08 77 58
(viel Gin, auch im Winter sonnige Terrasse)

Tánger
Calle Okendo 12
Tel. 943 42 31 04
(ruppige Kneipe mit Kultstatus)

Txepetxa
Calle Pescadería 5, Altstadt
Tel. 943 42 22 27
www.bartxepetxa.com
(Meeresspinnen: *centolla*)

xarma cook & culture
Calle Miguel Imaz 1, Gros
Tel. 943 14 22 67
www.xarmacook.com
(klasse Location, toll präsentiertes, feines Essen)

SHOPPEN:

Barrenetxe
Plaza de Gipuzkoa 9
www.barrenetxe.es
(alteingesessene Bäckerei)

Benegas
Calle Garibay 12
www.perfumeriabenegas.com
(Parfümerie, Ssirimiri-Erfinder)

Elkano 1
Calle Elkano 1
www.elkano1.com
(allerbester baskischer Käse)

Estanco 31 Agosto
Calle 31 de Agosto 40, Altstadt
www.estanko31agosto.com
(Schnaps, *puros* und Schnickschnack … und sowas von nett!)

Eseri/Valentina
Calle Bergara 18
www.valentinashop.es
(schicke schöne Wohnaccessoires)

Goiuri
Calle San Bartolomé 6
www.goiuri.com
(Bikini-Mode)

Meyvi
Calle Gran Vía 19, Gros
(putzige rosarote Konditorei)

Mojabe
Calle Garibai 24 & Calle Alfonso VIII 3
www.mojabe.com
(prima Mode, prima Preise)

BUCHHANDLUNGEN:

Donosti
Plaza de Bilbao 2
idonosti@telefonica.net
(beste Buchhandlung der Stadt)

elkar
Calle Fermín Calbetón 21 und 30, Altstadt
www.elkar.eus
(größter baskischer Buchhändler, hat - fast - alles)

Librería Garazi
Calle Matia 44, Antiguo
www.garaziliburudenda.es
(bodenständiger Laden in bodenständigem Viertel)

Hontza
Calle Okendo 4
www.hontza.net
(sympathisch gut, gut sortiert)

Idatz
Calle Urdaneta 10
www.elizagipuzkoa.org
(direkt an der Kathedrale …)

Re-Read
Segundo Izpizua Kalea 13
www.re-read.com
(nette Vintage-Atmosphäre, gepflegte Gebraucht-Bücher in mehreren Sprachen)

ÜBERNACHTEN:

Hotel María Cristina*****
Paseo República Argentina 4
Tel. 943 43 76 00
www.hotel-mariacristina.com
(erstes Haus am Platz)

Hotel de Londres y de Inglaterra****
Calle Zubieta 2
Tel. 943 44 07 70
www.hlondres.com
(altehrwürdig, Concha-Blick)

Villa Soro****
Avenida de Ategorrieta 61
Tel. 943 29 79 70
www.villasoro.es
(etwas außerhalb, aber traumhaft schön)

Hotel Niza***
Calle Zubieta 56
Tel. 943 42 66 63
www.hotelniza.com
(Blick auf die Concha, Chillida an den Wänden)

Hotel Record*
Calzada vieja de Ategorrieta 35
Tel. 943 27 12 55
www.hotelrecord.com
(einfach, aber für Donosti unschlagbar günstig)

Feelfreerentals
Calle Peña y Goñi 3
Tel. 943 56 36 54
www.feelfreerentals.com
(vermieten hochwertige und sehr schöne Appartements)

KULTUR:

Aquarium
Plaza Carlos Blasco de Imaz 1
Tel. 943 44 00 99
www.aquariumss.com

Casa de la Historia
Castillo de la Mota
Monte Urgull
Tel. 943 48 15 47
www.santelmomuseoa.eus

Festival Internacional de Cine de San Sebastián
Plaza de las Cigarreras 1
Tel. 943 48 12 12
www.sansebastianfestival.com

Kulturzentrum Koldo Mitxelena
Calle Urdaneta 9
Tel. 943 11 27 60
kmk.gipuzkoakultura.eus

Museo Naval
Paseo del Muelle 24
Tel. 943 43 00 51
www.untzimuseoa.eus

Museo San Telmo
Plaza Zuloaga 1
Tel. 943 48 15 80
www.santelmomuseoa.eus

Palacio de Congresos Auditorio Kursaal
Avenida de Zurriola 1
Tel. 943 00 30 00
www.kursaal.eus

TABAKALERA
Plaza de las Cigarreras 1
Tel. 943 11 88 55
www.tabakalera.eu

Teatro Victoria Eugenia
Paseo República Argentina 2
Tel. 943 48 11 60
www.victoriaeugenia.eus

ALLGEMEINE INFORMATIONEN:

Turismo & Convention Bureau
Boulevard 8
Tel. 943 48 11 66
www.sansebastianturismo.com

INTERNET:

www.adorebasque.com
www.donostiakultura.eus
www.kulturaldia.com

Bildnachweise

Seite 14 (Postkarte): GureGipuzkoa.net | San Sebastián: vista de la playa y Caseta Real © keine bekannten Urheberrechtsbeschränkungen
S. 16 (oben): GureGipuzkoa.net | San Sebastián: caseta de la playa tirada por bueyes © keine bekannten Urheberrechtsbeschränkungen
S. 16 (unten): GureGipuzkoa.net | La Reina Victoria Eugenia en el embarcadero del club náutico. © CC-BY-SA: Fondo Foto Car. Ricardo Martín
S. 17 (Postkarte): GureGipuzkoa.net | San Sebastián: plaza Bilbao © keine bekannten Urheberrechtsbeschränkungen
S. 18: GureGipuzkoa.net | Escena en la playa de la Concha. © CC-BY-SA: Fondo Foto Car. Ricardo Martín
S. 19 (Postkarte, oben): GureGipuzkoa.net | San Sebastián: Público en el campo hípico de Ondarreta © keine bekannten Urheberrechtsbeschränkungen
S. 19 (unten): GureGipuzkoa.net | San Sebastián: Ganador de una carrera de coches con troféo © keine bekannten Urheberrechtsbeschränkungen
S. 20 (Postkarte, oben): GureGipuzkoa.net | San Sebastián: el Gran Casino © keine bekannten Urheberrechtsbeschränkungen
S. 20 (Postkarte, unten): GureGipuzkoa.net | San Sebastián: Caseta Real © keine bekannten Urheberrechtsbeschränkungen
S. 50 Benicio del Toro & Co.: © Festival de San Sebastián, Foto: Gari Garaialde
S. 51 Penélope Cruz: © Festival de San Sebastián, Foto: Montse Castillo
S. 51 John Malkovich: © Festival de San Sebastián, Foto: Iñaki Pardo
S. 55 Julia Roberts: © Festival de San Sebastián, Foto: Montse Castillo
S. 55 Richard Gere: © Festival de San Sebastián, Foto: Iñaki Pardo
S. 56 Charlotte Gainsbourg, Omar Sy & Co.: © Festival de San Sebastián, Foto: Gari Garaialde
S. 56 Jessica Chastain: © Festival de San Sebastián, Foto: Iñaki Pardo
S. 56 Nicolaj Coster-Waldau: © Festival de San Sebastián, Foto: Gari Garaialde
S. 57 Antonio Banderas: © Festival de San Sebastián, Foto: Gari Garaialde
S. 57 Kursaal innen: © Festival de San Sebastián, Foto: Montse Castillo
S. 57 Kim Ki-duk: © Festival de San Sebastián, Foto: Gorka Bravo
S. 57 Carmen Maura: © Festival de San Sebastián, Foto: Iñaki Pardo
S. 122: © Untzi Museoa-Museo Naval, Diputación Foral de Gipuzkoa, San Sebastián
S. 138-139, 140, 141 (unten) und 143: © Basque Culinary Center, San Sebastián

Alle anderen Aufnahmen stammen von den Autoren.

Susanne Jaspers & Georges Hausemer

Luxemburg
Das einzigartigste Großherzogtum der Welt

256 Seiten, Klappenbroschur, mit zahlreichen Fotos

Luxemburg – das kleine Land im Herzen Europas. Ein Paradies für Sprachjongleure und Naturfreunde, ein Eldorado für Liebhaber gepflegter Gastronomie und moderner Kunst, ein Tummelplatz für Bewunderer avantgardistischer Architektur und archaischer Landschaften. Luxemburg, ein Land wie kein anderes, gespickt mit Banken und Burgen, lebendigen Industriedenkmälern und verwunschenen Schlössern, Kirchen, Kneipen und Kapellen. Luxemburg, das letzte Land weltweit, das noch von echten Großherzögen regiert wird, aber keine wirklichen Prominenten kennt, geschweige denn wahre Stars.

In rund 40 Reportagen, Glossen und Interviews nehmen die Autoren ihre Leser mit an kuriose Grenzorte, in märchenhafte Zoos, aristokratische Gärten, einbruchsichere Museen und auf die schaukelnden Sessel einer Seilbahn, in der schon Mick Jagger mit Muffensausen zu kämpfen hatte.

„Ein buntes, vielseitiges Porträt dieses verkannten Ländchens und seiner Bewohner."
Frankfurter Allgemeine Zeitung

„Der ‚einzigste' selbstironische Luxemburgführer der Welt (…) hebt sich wohltuend vom Reiseführer-Kitsch ab, den es sonst so über das Großherzogtum zu lesen gibt."
Saarländischer Rundfunk

www.capybarabooks.com

Eva Dietrich

Das fremde Gewürz
Geschichten aus Georgien

128 Seiten, Klappenbroschur

Wo liegt Georgien? Aus westeuropäischer Perspektive wird die kleine Kaukasus-Republik oft klischeehaft als ein Land am äußersten Rande Europas oder als ein Grenzgebiet zwischen Europa und Asien bezeichnet. Geschichtlich betrachtet, liegt Georgien im Kreuzpunkt alter Kulturen, weil es Teil der Seidenstraße war und häufig von Großmächten erobert wurde. Die Zürcher Autorin Eva Dietrich bereiste das Land wiederholt und lebte vier Monate in der Hauptstadt Tiflis. Eine zentrale Rolle in ihren Geschichten und Beobachtungen spielt das titelgebende „fremde Gewürz", das paradoxerweise das wohl typischste Gewürz der sehr gelobten georgischen Küche ist. Urtümliche Gefäße wie der Kwevri, in dem seit jeher Wein gekeltert und aufbewahrt wird, situieren Georgien im Umkreis alter Zivilisationen oder ans Ende der antiken Welt, wie der Leser anlässlich einer Besteigung des Kasbegs mit dem kaukasischen Hirtenhund Nabral erfährt. Dieses Buch zeichnet das facettenreiche Porträt eines außergewöhnlichen Landes, das es verdient hat, genauer in den westeuropäischen Blick zu rücken.

„Mit schlafwandlerischer Unbedarftheit unternimmt die Autorin Streifzüge zu einstürzenden Häusern in der zur flächendeckenden Ruine versinkenden Altstadt, zu leeren Karawansereien, zu einem Nonnenkloster mit Flachdach (…) Alles scheint wundersam. Manches gleicht einem Wunder (…) Willkommen in der Fremde."
Frankfurter Allgemeine Zeitung

„Einfühlsame Schilderungen in einer lyrischen Sprache."
Schwäbische Zeitung

Guy Helminger

Die Allee der Zähne
Aufzeichnungen und Fotos aus Iran

132 Seiten, Klappenbroschur

2007 fliegt der luxemburgische Schriftsteller Guy Helminger auf Einladung des West-östlichen Diwans nach Iran, um dort den persischen Autor Amir Cheheltan zu treffen. Ein Austauschprojekt, das versucht, die wechselseitige Kenntnis der Literaturen in Westeuropa und dem Nahen Osten sowie beider Kulturen zu verbessern. Guy Helminger führt während dieses dreiwöchigen Aufenthalts Tagebuch, notiert Begegnungen, Gespräche, beschreibt das Leben auf den Straßen und Märkten, interviewt Jugendliche und setzt sich mit der politischen Situation in der Islamischen Republik auseinander. Herausgekommen sind dabei essayistische Notate, die zeigen, dass es in diesem Land mehr gibt als Mullahs und ihr autoritäres Regime. „Die Allee der Zähne“ verdeutlicht, wie stark die Kritik am Regime bereits 2007 war, wie desolat die wirtschaftliche Situation, berichtet von Begräbnisritualen und beschreibt die faszinierende Schönheit der Wüste. Es ist ein Buch voller Witz, dabei tiefgründig und forschend. Ein zeitloses Porträt dieses widersprüchlichen Landes von ungebrochener Aktualität, begleitet von Fotos des Autors.

„Guy Helminger ist ein Glücksfall für die deutsche Literatur.“
Neue Zürcher Zeitung

„‚Die Allee der Zähne‘ ist lesenswert, da es die Klischees überwindet, die von den westlichen Medien ebenso gestreut werden wie von den Mullahs.“
woxx

www.capybarabooks.com

Hoch die Teller!

Im Basque Culinary Center, der hohen Schule der baskischen Kochkunst, werden die Arzaks, Subijanas und Berasateguis von morgen ausgebildet.